中国工程院院士
是国家设立的工程科学技术方面的最高学术称号，为终身荣誉。

中国工程院院士传记

傅熹年自传

傅熹年 著

陈 莉 整理

中国建筑工业出版社

人民出版社

图书在版编目（CIP）数据

傅熹年自传 / 傅熹年著；陈莉整理. —北京：中
国建筑工业出版社，2023.1（2024.11 重印）
（中国工程院院士传记）
ISBN 978-7-112-28257-9

Ⅰ.①傅… Ⅱ.①傅… ②陈… Ⅲ.①傅熹年—自传
Ⅳ.①K826.16

中国版本图书馆CIP数据核字（2022）第240642号

责任编辑：费海玲　张幼平　李　鸽
版式设计：锋尚设计
责任校对：刘梦然

中国工程院院士传记

傅熹年自传

傅熹年　著

陈　莉　整理

*

中国建筑工业出版社出版、发行（北京海淀三里河路9号）

各地新华书店、建筑书店经销

北京锋尚制版有限公司制版

北京中科印刷有限公司印刷

*

开本：787毫米×1092毫米　1/16　印张：16¼　字数：226千字

2023年9月第一版　　2024年11月第二次印刷

定价：**98.00元**

ISBN 978-7-112-28257-9

（40258）

中国工程院院士传记丛书

总　序

20世纪是中华民族千载难逢的伟大时代。千百万先烈前贤用鲜血和生命争得了百年巨变、民族复兴，推翻了帝制，肇始了共和，击败了外侮，建立了新中国，独立于世界，赢得了尊严，不再受辱。改革开放，经济腾飞，科教兴国，生产力大发展，告别了饥寒，实现了小康。工业化雷鸣电掣，现代化指日可待。巨潮洪流，不容阻抑。

忆百年前之清末，从慈禧太后到满朝文武开始感到科学技术的重要，办"洋务"，派留学，改教育。但时机瞬逝，清廷被辛亥革命推翻。五四运动，民情激昂，吁求"德、赛"升堂，民主治国，科教兴邦。接踵而来的，是18年内战、14年抗日和4年解放战争。恃科学救国的青年学子，负笈留学或寒窗苦读，多数未遇机会，辜负了碧血丹心。

1928年6月9日，蔡元培主持建立了中国近代第一个国立综合性科研机构——中央研究院，设理化实业研究所、地质研究所、社会科学研究所和观象台四个研究机构，标志着国家建制科研机构的诞生。20年后，1948年3月26日遴选出81位院士（理工53位，人文28位），几乎都是20世纪初留学海外、卓有成就的科学家。

中国科技事业的大发展是在新中国成立以后。1949年11月1日成立了中国科学院，郭沫若任院长。1950—1960年有2500多名留学海外的科学家、工程师回到祖国，成为大规模发展中国科技事业的第一批领导骨干。国家按计划向苏联、东欧各国派遣 1.8 万各类科技人员留学，全都按期回国，成为建立科研和现代工业的骨干力量。高等学校从新中国成立初期的 200 所增加到 600 多所，年招生增至 28 万人。到 21 世纪初，高等学校 2263 所，年招生 600 多万人，科技人力总资源量超过 5000 万人，具有大学本科以上学历科技人才达 1600 万人，已接近最发达国家水平。

新中国成立 60 多年来，从一穷二白成长为科技大国。年产钢铁从 1949 年的 15 万吨增加到 2011 年的粗钢 6.8 亿吨、钢材 8.8 亿吨，几乎是 8 个最发达国家（G8）总年产量的 2 倍。20 世纪 50 年代钢铁超英赶美的梦想终于成真。水泥年产 20 亿吨，超过全世界其他国家总产量。中国已是粮、棉、肉、蛋、水产、化肥等第一生产大国，保障了 13 亿多人口的食品和穿衣安全。制造业、土木、水利、电力、交通、运输、电子通信、超级计算机等领域正迅速逼近世界前沿。"两弹一星"、高峡平湖、南水北调、高公高铁、航空航天等伟大工程的成功实施，无可争议地表明了中国科技事业的进步。

党的十一届三中全会以后，实行改革开放，全国工作转向以经济建设为中心。加速实现工业化是当务之急。大规模社会性基础建设，大科学工程、国防工程等是工业化社会的命脉，是数十年、上百年才能完成的任务。中国科学院张光斗、王大珩、师昌绪、张维、侯祥麟、罗沛霖等学部委员（院士）认为，为了顺利完成中华民族这项历史性任务，必须提高工程科学的地位，加速培养更多的工程科技人才。中国科学院原设的技术科学部已不能满足工程科学发展的时代需要。他们于 1992 年致书党中央、国务院，建议建立"中国工程科学技术院"，选举那些在工程科学中做出重大的、创造性成就和贡献、热爱祖国、学风正派的科学家和工程师为院士，授予终身荣誉，赋予科研和建设任务，请他们指导学科发展，培养人才，对国家重大工程科学问题提出咨询建议。中央接受了他们的建议，于 1993 年决定建立中国工程院，聘请 30 名中国科学院院士和遴选66名院士共96名为中国工程院首批院士。于1994年6月3日，召开了中国工程院成立大会，选举朱光亚院士为首任院长。中国工程院成立后，全体院士紧密团结全国工程科技界共同奋斗，在各条战线上都发挥了重要作用，做出了新的贡献。

中国的现代科技事业比欧美落后了200年。虽然在20世纪有了巨大进步，但与发达国家相比，还有较大差距。祖国的工业化、现代化建设，任重道远，还需要有数代人的持续奋斗才能完成。况且，世界在进步，科学无止境，社会无终态。欲把中国建设成科技强国，屹立于世界，必须持续培养造就数代以千万计的优秀科学家和工程师，服膺接力，担当使命，开拓创新，更立新功。

中国工程院决定组织出版"中国工程院院士传记"丛书，以记录他们对祖国和社会的丰功伟绩，传承他们治学为人的高尚品德、开拓创新的科学精神。他们是科技战线的功臣，民族振兴的脊梁。我们相信，这套传记的出版，能为史书增添新章，成为史乘中宝贵的科学财富，俾后人传承前贤筚路蓝缕的创业勇气、魄力和为国家、人民舍身奋斗的奉献精神。这就是中国前进的路。

宋健

2012年6月

目　　录

总序

第一章　家学厚惠 ……………………………………………（001）

　第一节　我的祖父和父亲 ……………………………………（002）

　第二节　家学的启蒙 …………………………………………（008）

第二章　建筑情缘 ……………………………………………（017）

　第一节　师从梁思成先生 ……………………………………（018）

　第二节　深陷运动之中 ………………………………………（031）

　第三节　参加民居调查研究 …………………………………（033）

　第四节　跟随刘敦桢先生 ……………………………………（049）

　第五节　"四清"运动中的幸存留守 …………………………（064）

　第六节　十年内乱中与启功先生的"精神会餐" ……………（067）

第三章　见放十年 ……………………………………………（077）

　第一节　下放的建筑史工作者 ………………………………（078）

　第二节　被文物部门借调从事的各项工作 …………………（081）

　第三节　曲折的回调路 ………………………………………（098）

第四章　承先启新 ……………………………………………（103）

　第一节　完成家族重任——整理出版祖父、父亲遗作 ……（104）

第二节　专项研究之路 ················· （113）

第三节　和大师共事书画鉴定 ············· （124）

第四节　开启建筑史综合研究 ············· （134）

第五章　成一家言 ·················· （141）

第一节　《中国古代建筑史》 ············· （142）

第二节　对城市和建筑运用模数进行规划设计的研究 ····· （146）

第三节　古书画研究著作 ··············· （163）

第四节　古书画鉴定的体会 ·············· （164）

第六章　千禧新见 ·················· （175）

第一节　对建筑遗产保护的思考 ············ （176）

第二节　对建筑制度与社会文化的思考 ········· （181）

第七章　秉烛之思 ·················· （197）

第一节　《营造法式》的整理和研究 ·········· （198）

第二节　中国古代建筑专题研究 ············ （200）

第三节　建筑表现方法 ················ （207）

生平年表 ······················ （221）

附录 ························· （239）

出版后记 ······················ （247）

第一章

家学厚惠

第一节　我的祖父和父亲

祖父在书斋工作

我 1933 年 1 月 2 日生于北平（今北京），祖籍四川省江安县，出身于一个具有深厚中国文化传统的家庭。祖父讳增湘（1872—1949），晚号藏园老人，为清末翰林，民国时曾任教育总长，1919 年退休后专力研究古籍版本目录学，收藏并校勘古籍，是近代著名古籍版本目录学家、校勘学家和藏书家。有二子一女成人，长男傅忠谟、三男傅定谟，次女傅惠文适李氏。

父亲讳忠谟（1905—1974），字晋生，是祖父长子，著名中国古代玉器研究专家和收藏家。母亲成都胡氏（1911—1978），讳素荇，主持家务，育有三子二女，长大后均成为工程师、医生、教师。我是长子。

我 1951 年中学毕业后考入清华大学建筑系，1955 年毕业后分配到建筑科学研究院工作。妻子李良娱是山东济南人，1934 年生，在文物出版社工作。我们在 1961 年 9 月 9 日结婚，组成家庭。在 1962 年和 1964 年先后生长女傅苓、次女傅萱，目前也都是建筑设计公司的总建筑师或合伙人。

父母（父：傅忠谟；母：胡素荇）在北京西山大觉寺花下合影

1961年9月9日
与李良娱结婚
合影

长女傅苓

国家一级注册建筑师。1984 年毕业于南京工学院（现东南大学）建筑工程系建筑学专业，先后就职于北京建设部建筑设计院二所及深圳华森建筑与工程设计顾问有限公司、深圳中航建筑设计有限公司（2013 年起任总工程师至退休），从事建筑设计相关工作，参与项目包括西安阿房宫宾馆项目、深圳航都大厦项目、深圳深国投广场项目、杭州西溪印象城项目、西安未央印象城项目等。

SOM 管理合伙人（2003 年），曾参与大量项目的设计和管理工作，包括上海金茂大厦、伦敦金丝雀码头、莫斯科国际商务中心 16 号地块项目、首尔三星大厦三期、北京凯晨广场、广州琶洲村改造 4 号地块项目，以及中山国际会展中心等。2023 年当选为美国建筑师学会院士。

次女傅萱

1. 古籍版本目录学家——祖父

1898 年祖父 26 岁时，考中光绪二十四年戊戌科第二甲第六名，正值戊戌变法之际。戊戌变法为文教领域之重大变革，祖父考中进士后即被点了翰林，分派去河北省兴办新式教育。

当时的直隶总督是袁世凯，祖父就在袁世凯手下做事，负责兴办新式学校。先是兴办女子学堂，这在当时是很具革新意义的，曾拟请著名女学者吕碧城和秋瑾为教师，引起了很大的反响。在时代潮流的推动下，新式教育取得了相当的进展，1908 年，祖父被任命为直隶提学使，大概相当于河北省的教育厅厅长。他认为"欲教化之普行，小学实为先务，而小学之推展，则乡僻尤为要图"。任职期间，祖父勤勉努力，亲自去到河北各地督办新学，巡回视察乡村学堂办学效果，筹设师范学校，为兴办新式教育做了许多实事。

辛亥革命以后，时局激烈变幻，1917—1919 年间，祖父曾短期担任北洋政府教育总长。五四运动兴起之时，北洋政府要解散北京大学并罢免北京大学校长蔡元培，祖父不同意此种做法，就在国务会议上起而争辩，却受到与会者严厉诘责，当时的国务总理也不认同祖父意见，祖父无力亦无法抗争，遂于散会后修书一封，辞去教育总长职务，动身赴南方游览访友以避风波。自此之后，祖父遁入书斋，潜心学问，再未担任重要公职。

在寓居天津期间，祖父先是从朋友处借书来读，具备一定经济能力后，就开始自己购买。进入民国以后，祖父专心于学问之事，开始到南方去访书会友。南方富庶之地，文化积淀深厚，学者中颇有藏书丰富之大家，祖父从而接触到了更多的书籍和不同的版本。研读之下，祖父开始专研善本并开始收集善本书，进而对校勘古籍有了兴趣。他从不同版本中尽力分辨出好的版本，用来相互对照，拾遗补阙，更正其中由于流传久远出现的脱文和误字，以期还典籍以原貌。从此以后，祖父将有生之年的时间和精力全部投入到校勘古籍之中，成为近代著名的古籍版本目录学家、校勘学家和藏书家。

祖父晚年病重后，为使毕生心血有益于世人，深知"文字典籍，天下公器"，"信知私家之守，不及公库之藏"，于1947年将其平生所校勘的古籍520余种约16000卷全部捐赠给北京图书馆（今国家图书馆）。1949年10月祖父病逝，他所藏书籍中有重要文物价值的宋、金、元刊善本近百种，也应国家图书馆的要求，于1953年和1956年分两次由父亲全部转让给馆方收藏。这样，祖父毕生收藏的重要古籍善本就为国家所保有，得以永久保藏。

2. 古代玉器研究专家——父亲

父亲念书非常用功，从小就是好学生。中学时在当时北京最好的学校——师大附中就读，成绩优异。

父亲中学毕业以后，想要报考建筑专业，由于当时德国的建筑教育在世界上非常领先，父亲计划到德国留学。为此，父亲于1927年到上海同济大学留德预备班学习了一年多时间，已经基本粗通德语，遂决定1928年赴德国留学。不幸的是，我的祖母突然因病去世，尚未成行的父亲只得耽搁下来。以后几年间，国内外形势发生剧变，欧洲动荡不安，日寇侵我中华，赴德求学已无可能，父亲便从此与建筑专业失之交臂，这也成为他平生最大的憾事。但是父亲对建筑以及艺术和历史的关注和热爱，一直没有消减。

父亲自幼受祖父培养教导，长期耳濡目染，对古籍版本目录学也颇为用心。1929年，祖父赴日本访书，意在观览流落之典籍，父亲随同前往，遍览日本公私所藏中国宋元时期古籍善本，亲聆祖父当面评说指点，对古籍版本目录学的造诣也得以更上一层。

然而父亲最感兴趣的还是研究和收藏中国玉器。机缘巧合，父亲自1925年起，即开始收集和研究中国古代玉器，四十余年来陆续收集了大量实物标本，同时还参考当时国外博物馆收藏的精品，对玉器进行时代鉴定和分类研究。

1937—1950年间，父亲供职于北京自来水公司。公司位于前门外，再往西不远就是琉璃厂。父亲午休或闲暇的时候，经常会到琉璃厂的书店和古玩店闲逛，看到了大量的玉器。从爱好欣赏出发，父亲陆陆续续地开始购买自己喜欢的玉器玩物，并且参照历代著述、拓片资料和当时国外博物馆收藏的精品，对其进行年代鉴定和分类研究。在学习掌握了玉器断代的知识后，父亲开始系统性地对收集到的玉器进行整理，有目的地收集所缺的东西。父亲的经济条件有限，买不起高价的精品，只能依据自己的研究所得，去购买那些尚未被大家公认的较好的玉器，1950年后便停止购买，专注于对玉器的鉴定研究。父亲的收藏和研究逐渐得到了认同，他也被公认为是中国古代玉器研究鉴定专家和收藏家。

由于父亲在中国古代玉器收藏和鉴定方面的名望，加之父亲对祖父所作版本目录学研究的参与，1950年父亲被国家文物局聘为干部。父亲在文物局的工作包含古籍和古玉鉴定两个范畴。作为当代著名的古玉研究专家和收藏家，父亲曾于20世纪60年代初在文物局主持的文物干部学习班中主讲中国古代玉器鉴定。他认真撰写讲义，编写了关于玉器发展史的提纲和各种类型古玉器特点与鉴定要领等多篇文字，油印后发给学生，并把自己收藏的玉器标明时代、特点，拿出来作为实物标本给学员参考，学员甚至可以将之拿在手中加以观摩。通过这样的培训，父亲为国家培养出了一大批相关人才。

1965年父亲退休，在家专心撰写自己关于中国古代玉器研究的总结专著——《古玉精英》。然而次年即遭遇"文化大革命"，家中被抄，所有藏品及笔记手稿、资料等尽皆散失无踪，父亲撰写的稿子和玉器收藏目录等也被撕毁付之一炬，从此再未能亲自完成著述。

1974年，父亲抱憾离世。

第二节 家学的启蒙

1. 跟从祖父研习古籍版本目录学

我是家中长孙，祖父对我抱有很高期望，非常注重对我的中国传统文化教育。虽然祖父曾经兴办新式教育，而且在民国之后，教育方法已经大为改变，但是他仍然觉得新、旧教育两方面各有所长，新式的教育要接受，旧的传统教育也要了解。因此，在我上小学之前，他便让我诵读《三字经》《百家姓》《千字文》，作为传统教育的启蒙。

抗战时期北平沦于敌手，为躲避各方纠缠干扰，祖父在西郊香山、颐和园等处租房暂住，闭门校勘古籍。祖父去西郊有时也会带上我一起，每次逗留时间长短不一，视祖父校书需要而定。1940 年上小学后，我在每年暑假期间都会随祖父去西郊园居。1941 年我八岁时，祖父先后请韩敏修[1]先生、王嘉亨[2]先生课余在家教授我读四书。那时的书是没有标点符号的，祖父就亲自为我圈点、断句。1943 年 8 月，祖父为我亲手标点《大学》《中庸》两书，排好日程，让我诵读，并在所标点之《大学》书后题跋："逐章点定，注明日期，每日依此诵读，无论何事，此课不可停，勿辜负我之望。癸未八月十九日，朱笔点完，时钟三点矣。藏园老人手付麟孙。"他还手书条幅训勉于我："勿谓今日不学而有明日，勿谓今年不学而待明年，日月逝矣，是谁之愆！癸未夏书示麟孙。藏园老人。"我读后深感震撼，从此开始认真努力读书。这张条幅至今仍挂在我的书房墙上，对之如见严师。

1944 年 5 月，祖父突发中风，虽经救治脱险，但是语言能力、行动功能均发生障碍，写字、校书已是无法为之，只是还能看书。虽然身体抱恙，祖父却依然关注着我的学习情况，他要求我下学以后，必须先由他看着做完功课，才能离开出去玩耍。于是每天我就坐在他的书桌前做功课，做完之后，我就搀着他，在院子里稍作散步，或者帮助他去存书室中检书。

祖父一生校书逾万卷，晚年时决定将四十年来手校之书全部捐给北京图书馆，即今国家图书馆。为此，从1946年开始，祖父经常去家里存书的房间里检选书籍，我就扶着他去存书室看，按照他的指示把书从架上一一拿下，归类放好。就这样，我从上初中时就开始真正接触到古书了。祖父拿到书之后，会告诉我这部书有哪里是好的，哪里是差的，这部书是什么时候刊刻的，有什么特别之处，等等。再后来，祖父让我拿着校书的目录自己去书架上核对书籍，要我记录下这本书的书名，以及书是什么规格的，每页几行，每行多少字等。这种记录我前后做了许多册，每册都是厚厚一大本。日积月累，我对中国的古书版本有了非常直观的基本认识。

1946年腊月初七，是我的十五岁生日，祖父将他珍藏的明刊本《太平广记》和唐人手书《法华经》一卷赐予我，并指着《太平广记》对我说："我大半生都在乱世，望你以后能有太平日子过！"赐经之举隐喻"传经"之意，表达了祖父希望我能传承他的学术的美好祝愿。1947年，祖父把他平生所校勘的书籍520余种、约16000卷全部捐赠给北京图书馆。

北洋军阀混战和日寇侵华时期，真正好的古书是绝对不敢存放在家里的，只能寄存在银行的库房里，以保安全。所以家藏的宋元善本书当时我是无法见到的，于是祖父就另外给了我一部商务印书馆印的《四部丛刊》，其中影印有大量宋、元、明版的好书，嘱我日夕反复翻阅，从中学习版本辨识。由此开始，我对宋、元、明版古籍的地区、年代特点渐渐熟识，初步掌握了古刻本辨识的基本功。

课余和寒暑假时，祖父常让我为他翻检家中存放的明清版古籍。在祖父指点之下，我虽不能全部读懂，对于明清版本刊刻的地区特点和时代面貌，已能辨识。祖父还让我用家中藏书简目与原书核对，在书目中补记该书的行款版式，以加深我对不同时期和地区刊刻古籍的辨识能力。直到1950年初书籍捐出时，虽没能全检一遍，但对其中

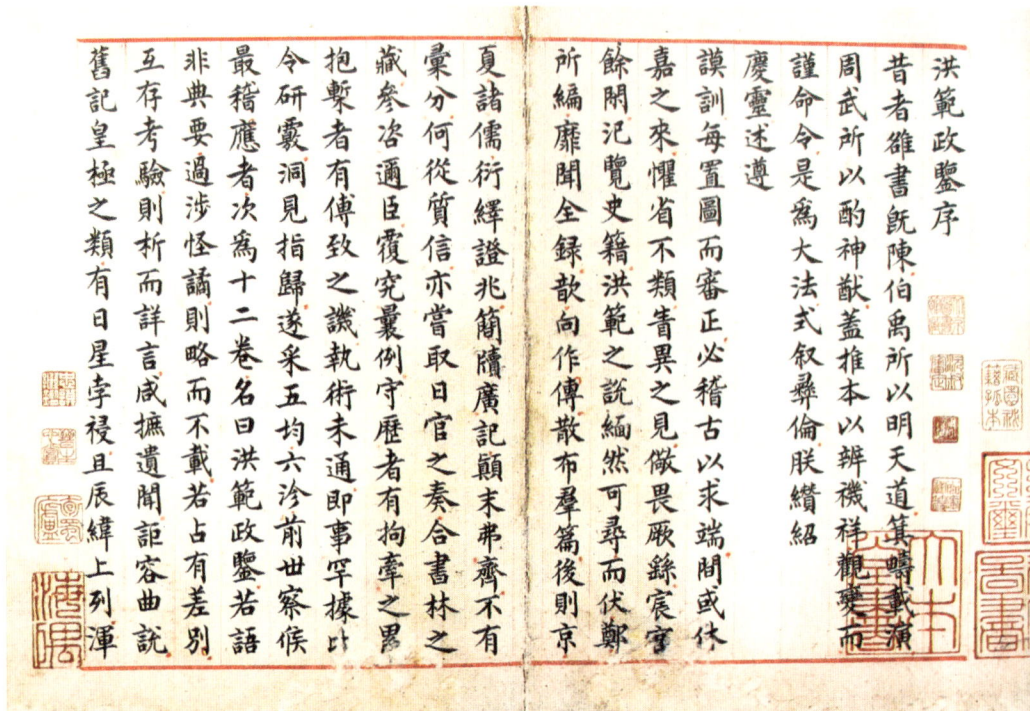

南宋宫廷写本《洪范政鉴》

明代及清初一般善本的版式、行款已大半登记，对于我以后辨识明清版本大有裨益。

1949 年 10 月 20 日（夏历九月十三日），祖父去世。同年 11 月，我父亲遵祖父遗命，将祖父"双鉴楼"之"双鉴"，即宋写本《洪范政鉴》、宋刊百衲本《资治通鉴》这两种最重要的善本书籍，以及徐悲鸿先生为祖父所绘肖像一并捐赠给北京图书馆。

这幅祖父画像是徐悲鸿先生 1935 年、1936 年留法学成归国后绘制。

当年徐悲鸿先生去法国留学，是祖父在任教育总长时批准的。徐悲鸿先生找到祖父，出示他的作品，谈及想去法国留学，祖父为他安排了公派推荐，不料却被当时有权势者挤占了留学名额，祖父对此也是无能为力。其后徐悲鸿先生再次来找祖父，祖父将他安排在第二批公派赴法留学名额之内，终于得以成行。徐悲鸿对祖父很感激，学成归国后主动提出为祖父绘制肖像。他先用炭笔画一速写像，然后画一正式的油画像，都极为传神，祖父大为赞赏。可惜炭笔速写像未与油画像同捐，留在家中，最后毁于"文化大革命"抄家之时。

祖父去世后，应家乡要求和祖父遗愿，父亲把祖父藏书大约3万册全都捐给了四川省。1953年、1956年祖父所藏宋元善本又分两批被北京图书馆征购。至此，家中只余少数馆方不要的宋元古籍善本的残册和残页。

徐悲鸿先生为先祖傅增湘先生画像

祖父一生校勘收藏古籍，始终认为"文字典籍，天下公器"，将毕生所收善本尽归公库之藏，做到了役书而不为书所役。他的校书题记和观书笔记等，均是近代版本目录学研究的重要成果。忆及祖父十六年间谆谆教诲，我决心继承祖父学术，整理祖父遗作，将其付梓出版，作为永久纪念。

2. 父亲对我的建筑和艺术启蒙

早年父亲为了学习建筑，曾经购买了很多有关建筑以及外国美术史方面的图书。这些图书包含大量精美的图片，如埃及和希腊、罗马、欧洲文艺复兴的古建筑,还有外国考古报告,主要是重要的外国古建筑的发掘修缮情况等图片。我小时候有兴趣时常翻看,父亲就随意给我讲解,逐渐便激发了我对建筑艺术的兴趣。

父亲爱好艺术,收藏了很多画册。在他的藏书中还有一部分是中国古代书画图录,如《中国名画集》《参加伦敦中国艺术国际展览会出品图说》《故宫周刊》《中国名画宝鉴》等,我读高中时常常翻阅欣赏,但不知真伪优劣。

1950年,父亲决定把有关外国古文化遗产的图书捐赠给东北鲁迅艺术学院,我又抓紧时间将这些图书突击细看了一遍,从而对中国和埃及、希腊、罗马、欧洲文艺复兴等地的古代建筑都有了一些粗浅的认识,也产生了浓厚的兴趣。高中三年级时,我在杂志上读到了梁思成先生介绍中国古代建筑和明清北京城的文章,更加深了我对学习建筑的向往之心。

1951年高考,我报考了建筑学专业,第一志愿就是梁先生主持的清华大学建筑系(当时名为营建系),并十分幸运地被录取。

3. 书画鉴赏熏陶

新中国成立之初百业待兴,首都北京聚集了大批来自全国各地的各方面的优秀人才。1950年父亲调到国家文物局工作,他在文物局的不少同事都是国内古书画鉴定方面的权威专家,其中就有张珩[3]、徐邦达[4]两位先生。当时两位先生刚从上海调来北京,家人尚未搬来,星期日休息时经常到我家来与父亲闲谈,有时就会谈到书画鉴定之事,我在旁听着很有兴趣,就拿着父亲收藏的画册求教,孰为真孰为假,何谓优何谓劣,依据为何,两位先生都会很耐心地给我答疑解惑。还有家中世交启功[5]先生,也常来我家一起畅谈。从父亲与这些老友的闲谈中,我学到了很多东西,特别是张珩先生,我拿着画册请教多次,后来张先生索性将《中国名画宝鉴》和《参加伦敦中国艺术国际展览会出品图说·第三册 书画》两本书中所登载的较重要者或断代明显不确者逐一指点出来，令我用铅笔标记在该图的下角，作为我以后学习研究的基本依据。这样，我对当前所存较重要的古代书画就有了一个概括的认识。因为看了大量真真假假的书画，慢慢地，我对中国古书画在某个时代的风格之类就有了一些印象。张先生又告诉我，历代有关书画著录之书数量太多，水平良莠不齐，容易造成误导。其中可以细读之书如明代汪砢玉的《珊瑚网》[6]、张丑的《清河书画舫》[7]，清代吴其贞的《书画记》[8]、吴升的《大观录》[9]、安仪周的《墨缘汇观》[10]等，书中所载书画大部尚在，伪品很少，有参考价值，应该熟读详记。这使得我对相关文献著录也有了一些了解，可以在查阅参考时少走弯路，少受干扰。

1952 年后，大量个人捐献、国家征购的书画古籍都集中到国家文物局和北京图书馆，如大藏书家常熟瞿氏铁琴铜剑楼[11]及至德周叔弢[12]先生藏书、吴兴庞莱臣虚斋藏古书画等，还有"三反"时期抄出来的很多书画，以及溥仪逃亡时丢在东北的原清室所藏书画等。文物局的专家们日日忙于为之鉴定登记。如果发现好的书画，张珩、徐邦达、赵万里[13]几位先生有时就会叫我过去观看，所以我在那个时候陆陆续续地看到了很多真迹精品，我时而提出自己的不解之处，也能得到诸位专家的许多指点，对于我学习研究古籍版本和书画，实属难得的机遇。

书画鉴定必须在文物局上班时间进行，而其时我正在清华大学读建筑专业，通常也正是学校上课时间。我父亲或者张先生打电话告诉我文物局来了好东西，这种情况下，我就算旷课也会去看。当文物局有小型展览或接待重要客人观赏的时候，往往能听到张珩、徐邦达先生的解说、分析，指出优劣及问题所在。记得有一次徐邦达先生约启功先生到文物局看新收到的庞莱臣藏画和几件宋画，也要我来同观，听他们评议真伪和时代特点，如说宋徽宗画《柳鸦芦雁图》中柳鸦为真，芦雁为伪，反复辨析，令我大长见识。这种直观真迹并亲聆权威专家评述的机会极其难得，使我获益良多，不断地加深着我对书画鉴定的了解。

　　但是事情总有两面。对于逃课去看书画学习鉴定这件事，在大学里就给我带来了不小的负面影响。班干部和团干部为此对我的印象很差，他们认为我没事老往城里跑，是由于出身剥削阶级家庭，从而贪恋剥削阶级的舒适生活，吃不了苦，所以我在班上便成了落后分子的典型。幸好我的功课不比别人差，而且在建筑设计、建筑历史等主课和素描、水彩等基础课上，我的成绩还可称名列前茅，所以干部们也挑不出太大毛病，只是时不时警告批评、敲打一番。

　　1954 年，文物局将收来的书画整体转交给了故宫博物院，在故宫博物院内成立了一个书画馆，把徐邦达先生调去主持工作。那些书画我基本上都看过了，而且心里也对其有了一个基本明确的认知。这些书画似一个个标识，以后再碰到类似的书画，我也有能力去通过类比对其加以鉴别。

　　1956 年大学毕业，分配工作之后，我就没有很多时间再去看书画了，只能偶尔看看展览会，或者在文物局特别招待的时候才能去看一下。于是，有关书画鉴定的学习只能就此放下。

注释

[1] 韩敏修，学者，中华人民共和国成立后被聘为中央文史研究馆馆员。

[2] 王嘉亨，学者，中华人民共和国成立后被聘为中央文史研究馆馆员。

[3] 张珩（1915—1963），字葱玉，别署希逸。古书画鉴定专家。曾被聘为故宫博物院鉴定委员会上海市文物管理委员会顾问，文化部文物局文物处副处长，兼文物出版社副总编辑。

[4] 徐邦达（1911—2012），字孚尹，号李庵，又号心远生，晚年号蠖叟。故宫博物院研究员、国家文物鉴定委员会常务委员。中国画家、书画鉴定家。著有《古书画鉴定概论》《古书画伪讹考辨》等。

[5] 启功（1912—2005），字元伯，一作元白。满族，北京人。中国当代著名书画家、教育家、古典文献学家、鉴定家、国学大师。著有《红楼梦注释》《古代字体论稿》等。

[6] 《珊瑚网》共48卷，明代汪砢玉撰，成书于崇祯十六年（1643）。全书分"法书题跋"与"名画题跋"两部分，内容涉及汪氏自藏、目见和抄集的书画题识、题跋以及收藏者的收藏目录等内容，是明代重要的书画著录书之一。汪砢玉（1587—?），字玉水，号乐卿，自号乐闲外史，秀水（今浙江嘉兴）人。

[7] 《清河书画舫》，明代张丑撰写。成书于明万历四十四年（1616），共12卷，记述了张丑所藏、所见三国至明中期的书法49件、绘画115幅，抄录了这些书画藏品有关的诗文、题跋、印记等。同时，附有作者公正严谨的点评论证，是明代重要的美术史著作之一。张丑（1577—1643），字叔益、青父，号米庵，昆山（今属江苏）人。精鉴赏，富收藏。

[8] 《书画记》是吴其贞撰写的一部书画著录，也是一本记载其本人从事书画交易活动的实录性质的著作。吴其贞（约1607—1681），字公一，号寄谷，室名梅景书屋。清代安徽休宁人，古代书画鉴藏家。

[9] 《大观录》共20卷，成书于1712年，为清代吴升平生所见书画名迹著录。吴升，字子敏，吴县（今属江苏苏州）人。

[10] 《墨缘汇观》，清安岐编著。正编4卷，法书、名画各2卷；续编2卷，法书、名画各1卷。正编法书著录始自三国魏钟繇《荐季直表》、西晋陆机《平复帖》，止于明代董其昌；名画著录始自晋顾恺之《女史箴图》、隋展子虔《游春图》，止于明代董其昌。记载作品内容、纸绢，摘录题识、印章，所录宋代以前之画颇多考订。间有论及画家之笔墨或画法特色，可资鉴别真赝。续编一卷名画始自晋顾恺之书《洛神赋》，而迄明陆治《种菊图》止，凡121种，亦多名品。续编仅载标题，略记大概。两编所收书画大都为著者自藏，间有求售而未购之物。是书鉴裁精审而有卓见，颇资参考。

[11] 铁琴铜剑楼原名"恬裕斋"，建于清乾隆年间，清代四大私家藏书楼之一，位于江苏常熟市区以东古里镇。创始人瞿绍基（1772—1836），字厚培，号荫棠，清代著名藏书家。

[12] 周叔弢（1891—1984），原名暹，字叔弢。安徽建德（今东至）人。中国古籍收藏家，文物鉴藏家。所藏大量善本全部捐赠给国家图书馆。

[13] 赵万里（1905—1980），字斐云，别号芸盦、舜盦。江苏扬州人。著名文献学家、敦煌学家，精于版本、目录、校勘、辑佚之学，国学家，国家图书馆善本部主任。

第 二 章
建筑情缘

第一节 师从梁思成先生

1. 负笈清华

如前所述，我是首先通过观看图录对古建筑有所了解进而产生兴趣，而后又读了梁先生的相关文章，才彻底喜欢上建筑历史的。

我的高中时期，正值新中国建设轰轰烈烈的火红年代，于是我就想要学习工科去参加国家建设。我读高中三年级时，在《新观察》《文物参考资料》等杂志上看到了梁先生写的很多文章，其中有一篇描写北京城墙的改造设想，梁先生还画了草图，图中城墙上被改建成公园，还有游人在游玩。我还看到了北京城的建设方案，涉及古城改造等构想。这些文章和构想草图引起了我极大的兴趣。我觉得如果学习建筑专业的话，既能学习建筑技术，又能学到建筑历史文化，而我在历史文化方面既有基础也有兴趣，所以决定报考建筑系（营建系）。

当时的高考可以填报 7 个志愿，我填报的 7 个志愿全是建筑系。第一个是清华建筑系，当时叫营建系，是梁思成先生主持的；第二个是杨廷宝先生主持的南京工学院（现东南大学）建筑系。后来我有幸被第一志愿录取，进入清华营建系学习。新生到清华大学营建系报到的时候，老师要和每一个学生谈话，当时老师还问我为什么 7 个志愿全部都是学建筑，我说我的目的就是一定要学这个专业。1951 年入学，1952 年院系调整，把清华大学原有的文科专业都分走了，把北京大学的工学院以及燕京大学的工科都合并过来。清华大学成了工科大学，营建系也改名为建筑系。然后学校就开始大搞"学习苏联"，强调学生要"全面发展"和争取"全五分"等，我觉得这些与我学习建筑专业的初衷并不相干，于是便把主要精力倾注在专业课中的建筑设计、建筑历史和基础课中的素描、水彩之中，我这几门课的成绩，在班上都是排在前面的。

当时教素描、水彩课的老师分别是李宗津[1]先生和吴冠中[2]先生，都是艺术水平极高的画家和美术教育家，这给我在素描和水彩方面打下了相当扎实的基础。我从小学到高中阶段都没有接受过素描训练，眼睛还有红绿色弱的问题，但是这些并不妨碍我在绘画课上的刻苦努力。我所有的绘画基础，都是在清华学习期间打下的。我也很喜欢梁思成先生、杨廷宝先生、童寯先生的水彩画作品，极力学习模仿他们的绘画风格。

在建筑画方面，我最钦佩的是梁思成先生的铅笔单线速写，曾对他标题为《拾遗》的速写册中的法国布惹阿城堡的大楼梯和沈阳北陵

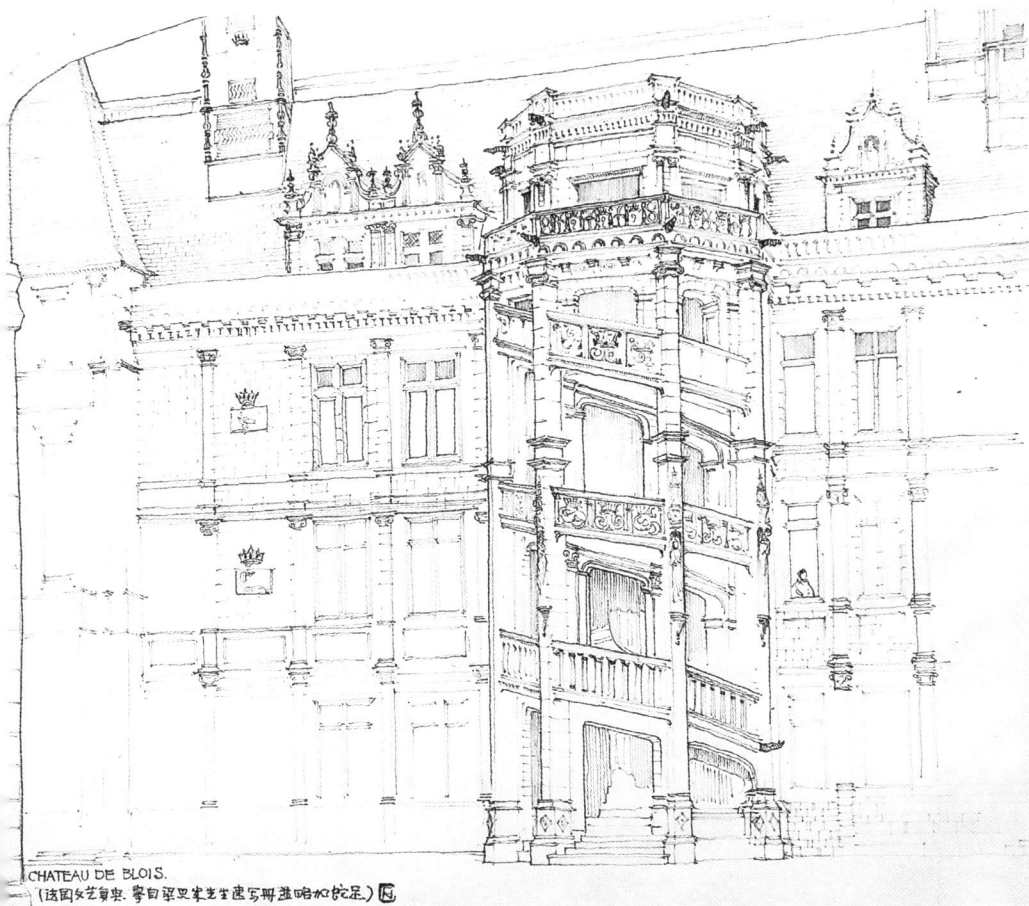

CHATEAU DE BLOIS.
（法国文艺复兴，摹自梁思成先生速写册并略加改足。）

临摹的梁思成先生铅笔速写布惹阿城堡的大楼梯

建筑等作品反复临摹多次，这对我以后研究建筑史搜集素材和研究制图均极有帮助。

大学四年级的时候开始划分专业，这个专业是学校分配的。当时只有三个专业：城市规划、工业建筑、民营建筑。我被分配到工业建筑专业。工业建筑专业的主要学习内容就是做机车厂的车间设计，学习期间曾到大连机车车辆厂和长春第一汽车厂参观实习，实习结束后回校进行毕业设计。我的毕业设计论文题目，是机车制造厂铸钢车间设计。

本来我们这一届学生应该于1955年毕业，但是我们进校一年后就开始院系调整，学校大兴土木，学生停课半年，所以我是1956年春天毕业的。我的毕业设计论文答辩成绩为"优"，还在当年的《建筑学报》第八期上发表。

2. 有幸给梁先生做助手

1956年3月，我毕业后被分配到哈尔滨的中国科学院土木建筑研究所，职称是研究实习员。到哈尔滨报到后，那里也没什么事可做，建筑组还没成立，只有几个零散的人，几乎没有设计任务。后来中国科学院跟清华大学建筑系商议，要合作搞一个建筑历史研究室。当时清华大学有一个建筑历史组，主要任务是编写中国建筑史。于是便在这个建筑历史组的基础上增加人员，成立了建筑历史与理论研究室。研究室仍设在清华大学建筑系内，梁思成先生担任主任，刘致平[3]教授任副主任，莫宗江[4]教授、赵正之[5]教授，和外面借调来的陈明达[6]高级工程师等多位我所钦敬的著名权威专家都在其中工作。我所在的中国科学院土建所也被抽调了几个年轻的大学毕业生，包括我和我的同学王世仁[7]、杨鸿勋[8]等，都去到这个建筑历史与理论研究室工作，他们之后在研究古建筑方面也都取得了重大的成就。就这样，1956年9月，我在哈尔滨半年之后，又回到了清华园里的建筑历史与理论研究室，实现了我学习建筑进而研究中国建筑史的愿望，在专业道路上踏出了第一步。

1957 年初，研究室确定了各位教授专家的研究专题。梁先生的专题为《北京近百年建筑研究》，刘致平教授的专题为《民居建筑》，赵正之教授的专题为《元大都研究》，莫宗江教授的专题为《江南园林研究》。我们这些年轻人的工作是担任各位专家的助手。我被选到梁先生的一组，研究近百年的北京近代建筑。同组的年轻人有梁先生的副博士研究生王其明[9]学长，还有一个是清华大学建筑专业毕业后分到土建所的虞黎鸿。我们三个人一起协助梁先生的研究工作。

所谓近代建筑就是 1840 年以后中国进入半殖民地半封建社会这一时期的建筑。梁先生说："这种建筑很难调研，范围太大。我先从北京做起，做个试试看。"计划是梁先生自己定，我们的主要任务是按照梁先生定的计划，去调查、测量需要研究的建筑实物。我们做好调查、测绘、拍照，收集文献资料，让梁先生在这个基础上写研究报告。有了计划，我们应该怎么具体进行调研工作呢？梁先生说："我带你们试一次。"所以，第一次调研，是梁先生带着我们三个人在北京做一次示范性调查。

我们去的第一站是崇德学校，就是现北京市第三十一中学，梁先生的高中就是在此校读的。梁先生先带我们去看了崇德的教学楼，又到东、西交民巷，看了各国使馆建筑和银行等，然后到大栅栏街看中国建筑，到东单周围看商业建筑，再到北堂、西什库教堂、西直门的西堂（西直门天主堂）看宗教建筑，把各种类型的建筑都走马观花地看了一遍。因为一直走走看看，到下午，梁先生还带我们三人到全国政协俱乐部午餐，这里原为欧美同学会会址，梁先生为我们解释了同学会的性质，也属于北京近代的一种例证。在东交民巷圣米歇尔教堂参观的时候，梁先生在看教堂，我就在旁边用照相机对着他，梁先生一转身，我就"咔嚓"给他照了一张相片。为此梁先生批评了我一顿，说："你不许这么干，以后绝对不许用公家胶卷照私人相片！"我拍的

梁先生调查圣米歇尔教堂留影

这张照片是梁先生主持此项研究工作留下的唯一一张照片，弥足珍贵。后来我们编写的《北京近代建筑》一书中梁先生的照片就是那张，左边是他的研究生王其明。

那时候做现场调查颇为不易。梁先生带我们第一次去做示范性调查时，就被公安民警当街拦住，询问我们是干什么的。梁先生指着房子说："我们来调查这个。"民警问："谁叫你们调查的？"梁先生只得把自己的全国政协委员证拿给警察看，那人一看，赶忙说："啊！您请，您请！"于是我们便能通行无阻了。

以后即由我们三人进行具体工作，每日外出调查收集资料，进行实地测绘、拍照。对北京的近代建筑，包括政府机关、使馆、洋行、中资银行、医院、大学、中学、饭店、展览馆，还有较著名的中式和西式大型商店如劝业场、西单商场等，都做了调研。其中最有趣的是误打误撞地把林徽因先生设计的北京大学女生宿舍和梁先生设计的仁立地毯公司也都进行了调查，梁先生看到后也只好一笑置之。

　　我们也有碰钉子的时候，遇到人家不让拍照，都是需要梁先生出面去谈妥了才能继续工作。例如北京市北洋军阀国会旧址，在新华社院内，那时是作新华社的礼堂，调研时不许我们拍照。梁先生去找了当时中宣部的周扬同志、外交部副部长张汉夫同志和新华社的领导同志说明情况，我们才得以进行调查、测量和拍照。去老外交部大楼的调查也不顺利，还是梁先生找了当时的副部长张汉夫，我们才可以进去拍照。类似很多地方都需梁先生找主管人员联系后才能进去调查。所以，我们收集到的大量资料真是非常难得的。当时人民大会堂还未兴建，那个地方原来是大理院（最高法院），建于清朝末年，是英国公和洋行的设计，也是联系很久才让我们进去调研。当时的工作人员还把设计师的原图拿出来，让我们拍了照片。

　　到1957年年底，梁先生拟定的重点研究对象已经调查过半，也收集到不少珍贵资料，如北洋军阀国会的设计图、清末英国公和洋行设计的有清代大理丞董康签字的大理院（相当于最高法院）的立面图等，这些图纸都收录在2008年出版的《北京近代建筑》一书中。

清末英国公和洋行所绘大理院设计图

在梁先生指导下工作，可以感到他对工作质量的要求颇为严格，他要求我们调研和收集材料要耐心、细致，对于一些效果不佳的照片和不够精细的测图，会毫不留情地要求我们重照、重测、重绘。此外，他对我们的思想进步也十分关心。1957年2月末的一天，梁先生很激动地告诉我们，他刚听了毛主席在最高国务会议上的讲话，还把笔记本上所记的内容选了两段读给我们听，认为十分重要，要我们一定要好好学习领会。

1958年夏天，中国建筑学会在青岛开会，梁先生看到在德、日窃据青岛时期修建的建筑物和街道、绿化等，认为很有参考价值，要王世仁和我去调查，收集史料。他还指明了重点是德占部分，因其规模大、建筑质量较高，对当地以后的建设发展有比较大的影响。在青岛调研期间，经由梁先生介绍，一位副市长接见了我们，并介绍给市公安局的同志，因此我们可以进入青岛市规划局的图库，翻阅了大量德占时期的文献资料和珍贵图纸。在实地调查时，除军事机构外，包括总督府、滨海俱乐部、火车站等代表德国风格特点的大型建筑等，大多可以让我们入内调查拍照，收集到了大量的图纸资料和照片。在此基础上，王世仁和我很快就完成了《青岛近百年建筑调查研究》的初稿并附以大量图纸和照片，对此梁先生也较为满意。这也是梁先生编写的《中国近百年建筑》的一部分内容。

⑬ 西安平地窑洞

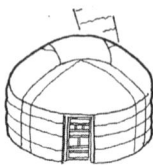

⑭ 内蒙古蒙古包

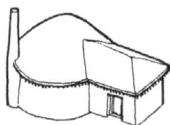

⑮ 蒙古包式土房

⑯ 巩县靠崖窑洞

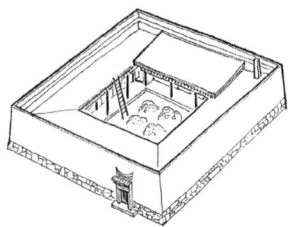
⑨ 青海庄窠

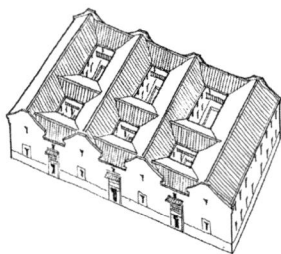
⑤ 梅县客家住宅

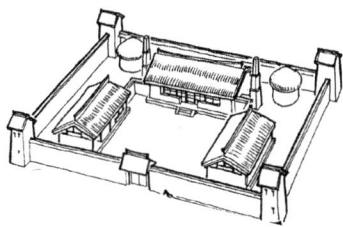
① 吉林民居

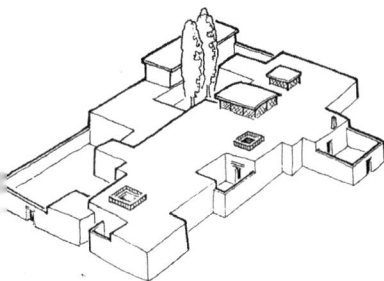
⑩ 于阗维吾尔族阿以旺民居

⑥ 云南一颗印

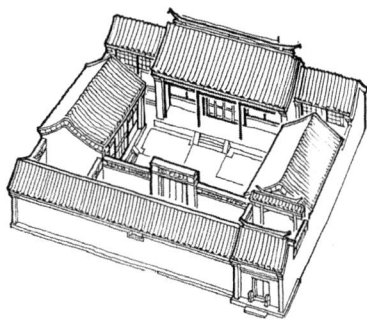
② 北京四合院

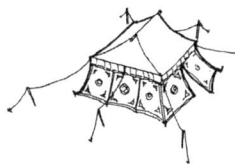
⑪ 甘肃藏族帐篷

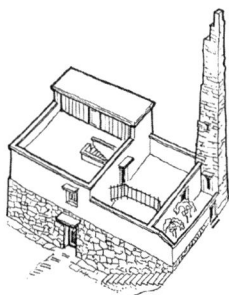
⑦ 茂汶羌族住宅

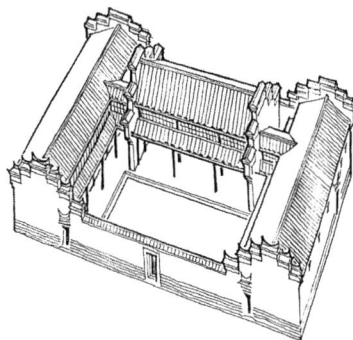
③ 浙江十三间头

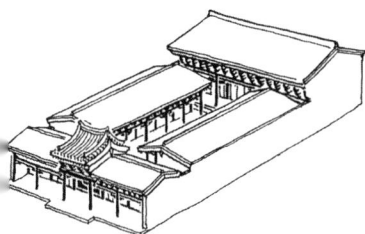
⑫ 张掖民居

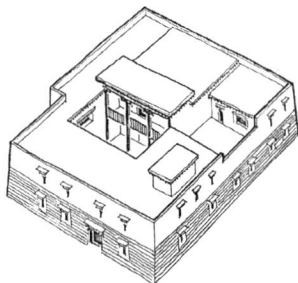
⑧ 拉萨藏族民居

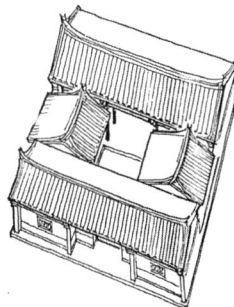
④ 泉州民居

各地民居布置特点

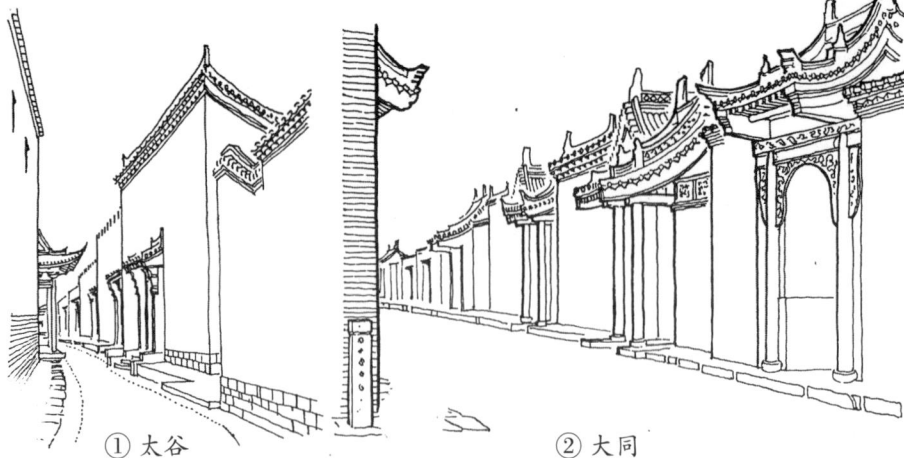

① 太谷   ② 大同

⑤ 梅县

⑥ 南昌

⑧ 和阗

⑨ 永定

⑪ 阿坝

⑫ 龙岩

各地民居外貌

③ 扬州

④ 北京

⑦ 东阳

⑩ 徽州

⑬ 永定

刘致平先生的专题是民居研究，我也帮他配了一些插图，包括从古代到近代反映民居历史发展和地域分类及差异的图纸，一共19幅。这些图主要描绘全国各地的特色民居，如河南的窑洞、北京的四合院、云南的一颗印等有代表性的民居，以及各地方不同民居形式上的差异。图是根据我收集的资料改画的，这项工作也做了较长时间。

可惜这批原图已失去，据说被人带到国外，我现在只有复印件。

3. "梁公"趣事

梁先生工作时一丝不苟，平素待人和蔼有礼，有时候也很幽默风趣。

那个时候的清华建筑系老师大多被尊称为"公"，如梁先生被称"梁公"，刘致平先生被称"二刘公"（"大刘公"是刘敦桢先生），吴良镛先生被称"小吴公"（当时吴先生最年轻），这大约是从中国营造学社传下来的习惯。但是梁先生告诉我们，对老师要称"先生"，不要称"公"，更不要称他为"梁公"。他说："你叫先生，你叫公我不理你！"

当时我经常要找梁先生汇报工作进展或请教问题。我去找梁先生时，总是轻敲房门，问："梁先生在家吗?"有一次我去找他，问"梁公在家吗?"他说"梁公不在家"。我再问"梁先生在家吗?"他才笑着开门让我进去。

我在清华大学读书期间，梁先生在系里主要做研究工作，基本不参与日常教学，很少给学生讲课，学生也很少在系里见到他。比起在校学习的时候，我工作以后跟梁先生的接触要更多、更经常一些。在跟随梁先生工作的过程中，耳濡目染地学习着梁先生的立身修学之道。纵使在半个多世纪之后的今天，我仍然能时时回想起梁先生对工作的严格要求、对学生的关怀教诲，对建筑历史遗产发自内心的热爱，对国家发展和建设的深切关注，音容笑貌宛在目前。梁先生永远是我学习的榜样。

4. 梁先生的严谨学风

（1）精确测量并结合《营造法式》之材分制探索古建筑的设计规律

1929 年中国营造学社成立之初，颇受日本同行轻视，觉得中国没能力搞好这个研究。日本的专家关野贞[10]到了中国，见到营造学社的社长朱启钤[11]先生，说："你搞这个研究很好，咱们是不是定一个合作关系？你们负责文献，我们负责调查测绘研究，好不好？"还拿了应县木塔、独乐寺观音阁等重要古建筑的照片给朱启钤先生看，说："你看这些东西多好，你们恐怕还测绘不了。不如我们来做测绘，你们来做文献考证。"朱先生当时也没说什么，回来就给梁先生看了那些照片。梁先生说："这个我们完全能做。"稍后就带着林徽因先生和莫宗江先生去了蓟县独乐寺，他们对山门和观音阁进行了完整的测量，并参考《营造法式》对其构造特点、比例关系、材分的运用进行深刻的研究，写了一本《蓟县独乐寺观音阁山门考》。这本书出来之后，日本人再也不敢小看中国营造学社了。梁先生对于应县木塔和独乐寺观音阁的研究深度，已经远远超过了日本人那时对其国内国宝级建筑的研究。对于材分关系，日本人当时可能尚未曾搞明白，但是在梁先生的考察实测中全部测量并分析出来了。

后来日本出版了两本大书，一本《中国文化史迹》，一本《中国佛教史迹》。在这本《中国文化史迹》里面有佛光寺大殿的照片，但是日本人并未认出它是唐代建筑。梁先生认出且确定佛光寺大殿是唐代的建筑，并赶在抗日战争全面爆发前夕与林徽因先生和莫宗江先生一起赶赴山西，对佛光寺等古建筑进行了考察测量，对其时代特点、构件比例和材分关系都做出了精确分析。在当时那样困难的条件下，梁先生他们还能做出如此深入的考察研究，在古建筑研究方面达到的高度和取得的成果，都是日本人当时的研究难以望其项背的。

（2）梁先生对建筑遗产保护工作的关切

有一天中午我有事去找梁先生，当时他家中有客，三位客人围方桌而坐，桌上摆了纸笔文具。他向我介绍了客人，我只记得其中一位是崔月犁[12]先生，一位是范瑾[13]女士。他说现在有客人，你明天再来吧。过后几日，即在报上读到梁先生题为《整风一月的体会》的文章，应该就是那天写成的。梁先生的文章在严肃批判一些人不正确对待整风的同时，坚持提出了反对拆除北京城墙的意见，并说感到揭城墙砖如同揭他自己的皮一样痛苦，郑重表达了他对古代建筑遗产发自内心的挚爱之情，以及为国家发展建设建言献策的拳拳之心，言之有物，真切感人。

但是到了"文化大革命"时期，他关于"揭皮"的说法却在清华大学建筑系遭到口诛笔伐，认为他在严肃的文章中说了不严肃的话，真正是欲加之罪何患无辞。那些造反派还勒令梁先生停止工作去打扫办公楼的厕所卫生，这对他是极大的污辱，也对他孱弱的身体造成了极大的伤害。后来，大概还是有关领导得知此情况后，加以制止，这种体罚才得以终止。

5. 我被定为"右派"

1957年开始了反右派斗争。1958年初，我在清华大学建筑系被划为"右派"。当时清华大学建筑系既没有揭发我的大字报，也没有开批斗会，只是在处理"右派"的时候，通知我说："你也检查一下你的'右派'言行，就别来参加这个会了。"在此之前，我没有在任何一个会议上作过发言，只因为跟同学聊天谈到一些闲事，他转说时受到批判并划为"右派"，然后我也划成"右派"，并于1959—1960年安排到建工部北京南口农场进行劳动和思想改造。

反右之后，1958年初，清华大学解散了建筑历史与理论研究室，我们这些外单位调入人员的去向安排便成了问题，梁先生想到了一个办法。当时，建筑工程部建筑科学研究院[14]设有一个建筑历史研究室，简称"建研院历史室"，该室名义上的正、副主任是梁思成先生和刘敦桢先生，实际负责人是党支部书记刘祥祯同志。梁先生以建研院历史室主任的身份，要求建研院接受原土木建筑研究所抽调诸人，包括我、王世仁、杨鸿勋、张驭寰等几人，还有原属清华大学建筑系的刘致平教授，也被分到了这个历史室。梁先生的北京近代建筑专题的全部材料

《北京近代建筑》图书封面

也转交到了这个建筑历史室。虽然梁先生名义上是建研院历史室的主任，但是他实际上并不管事，他的这个专题也就没往下做，一直搁置下来未能继续进行。直到 50 年后，为纪念梁先生在这方面的开创性工作，才由建筑历史研究所整理成篇，分为调查报告、图录、珍贵资料三部分，由中国建筑工业出版社于 2008 年以《北京近代建筑》之名出版。

第二节 深陷运动之中

1. 遭遇"大跃进"

1958 年下半年，建筑科学研究院历史室举办建筑历史学术讨论

会，全国各高校有关专家均来京参加会议。南京工学院的刘敦桢先生和他的学生，还有重庆建工学院的师生都拿出了各自所作调查研究的成果报告，还有展览的图片资料。但当时正好赶上"拔白旗、插红旗"的大批判，会场之上，刘敦桢先生、梁思成先生都在个别与会者影射嘲讽和旁敲侧击之列，对其他人更是句句带刺，刘致平教授的座位之后还被人插了四面白旗，会议氛围可想而知。很多专题报告都遭到不当的批判，对原中国营造学社开拓的中国古建筑研究方向也大加批判。我和王世仁参加的《青岛近百年建筑调查研究》，因为资料中收有德国总督府、公安局、官邸、俱乐部和日本在汇泉角的高级居住区等内容，也被批为替帝国主义涂脂抹粉，不能发表。因为这次所有参会成果基本上皆被批判为"封资修黑货"，后面只得重新来过。会后建筑科学研究院决定以实际行动实现"大跃进"，遂成立了一个"三史"编纂委员会，统一领导各高校有关专家，共同将中国古代建筑史、近代建筑史、现代建筑史重新编写。中国古代建筑史当时由刘敦桢先生负责主编，即后人所称之"八稿"，就是因为被批判而反复改写多次，第八次修改稿才得以出版的《中国古代建筑史》。中国现代建筑史部分仅仅只出了一本《建筑十年》画册，是1959年出版的。中国近代建筑史则基本没有完成，没有成果发表。

2. 南口农场的劳动生涯

1959年春天，我被派到建筑工程部位于北京南口的农场去参加劳动。那个时候，干部在一年中要有一个月时间去参加劳动锻炼，而我是"右派"，所以需要成年累月地在那儿改造思想，不仅是劳动锻炼那么简单。

我在农场的工作是养猪、放牛，有时甚至还要给大猪接生。一窝要接生七八只小猪，连剪脐带带消毒，弄得我手忙脚乱，但是这样一折腾，反而什么烦恼都忘了，什么事都不想了。放牛也是一样，放牧时在路上出生的小牛崽落地后不能走路，我只好抱着小牛在前边走，老牛自然而然就在我后边亦步亦趋地跟着走，感觉特别有意思。南口的自然风景非常好，我也不觉得养猪放牛是受苦的事，置身在大自然中，苦闷沉郁的情绪得以释放，身体也随之变好了。劳动之余，我也有自己感兴趣的事情要做。去南口的时候我带了一部《资治通鉴》，还带了我在刘敦桢先生那里做事的时候抄的《营造法式》。有书在手，我就不会觉得无聊，不会觉得人生毫无意义。近两年的劳动期间，我把《资治通鉴》和《营造法式》反复通读了好多遍，加深了对古代通史和宋元以来古建筑的认识，为以后从事建筑历史研究工作打下更好的基础。

3. 1960 年 10 月主管单位宣布我"摘帽"后恢复工作的情况

1960 年 10 月，主管单位宣布我的"右派"问题"摘帽"后，我就回到家中，到原单位恢复工作，并于 1961 年 9 月 9 日与已等待了我近三年的女友李良娱结婚，建立家庭。成家后除工作外，还要尽力照顾已进入老年的父母。

第三节　参加民居调查研究

1960 年 10 月被宣布"摘帽"后，我就返回建筑科学研究院建筑理论与历史研究室继续工作。当时建筑科学研究院正式成立了建筑理论与历史研究室，以梁思成先生为主任，刘敦桢先生、汪季琦[15]先生为副主任，刘祥祯同志是党支部书记。梁先生负责北京总室，刘先生主持的南京工学院建筑历史研究室为南京分室，辜其一先生主持的重庆工学院研究室为重庆分室[16]。当时的建筑科学研究院院长是汪之力[17]同志，他非常支持建筑历史研究工作，给予历史室以很大帮助。三史编纂委员会曾一次申请得到了四万元调查经费，在当时堪称巨款，对于建筑历史的调研工作是非常难得的。

建筑理论与历史研究室共分五个组，分别是古代组、近代组、民居组、园林组和建筑装饰组。王世仁是古代组的组长，杨鸿勋是园林组的组长，王其明是民居组组长，尚廓是民居组副组长。我也被分到民居组，主要工作是调查浙江民居。

浙江民居的调查工作从1961年开始到1962年，前后大概历时一年多，调研工作做得相当细致。在现场看到的浙江民居，精彩纷呈，各具特色，但是绝大部分民居已是年久失修，破烂不堪。小型民居很可观，但没办法照相记录。因为年久失修且堆积杂乱者居多，若以照片资料直接发表，几乎毫无悬念地会被扣上"给新社会抹黑"的罪名。后来，副组长尚廓提出建议，用速写画出民居初始建成的原貌，而且尽量少考察大房子，多考察农民的小住宅，重点发掘民居建筑所反映出来的设计理念和生活要求，尚廓的这个提议是很有水平的。后来全组十余人就按照这个思路，辗转奔波在浙江的山区水乡，实地调查、测绘，画了数百幅表现设计手法和室内外空间特点的写生画，配上整套测绘图，回来后分章节整理撰文，一直到1963年春天，终于编成全文9万字、图纸623幅的《浙江民居》专著（其中本人测绘和写生的图纸96幅）。通过这次实地调研工作，我们不仅提高了设计和绘图水平，还开拓了民居研究的新思路。我们当年在杭州和上海各做了一次介绍浙江民居调研成果的展览，也受到同行的一致好评。[18]

在上海展览期间，我利用空余时间看了大量的上海近现代建筑，联想起梁思成先生所做的中国近百年建筑研究工作，就选取了两处最具代表性的建筑，一座是原为汇丰银行的现上海市政府大楼，另一座是和平饭店，坐在大路边画了两幅写生，自觉有几分意味，可惜一直没有机会送去向梁先生求教，是为憾事。

在浙江民居调研报告中，我尝试通过透视图的方式更加直观感性地表现民居建筑形象，以替代平面、立面、剖面的抽象认知方式，属于一种新的表达方法。但是从历史研究的角度来看，也确实存在着重视设计手法而忽视结构材料的问题。刘敦桢先生注意到了这一点，并提出了自己的意见。他在 1962 年写给喻维国先生的信中提到："（浙江民居）据说表观方法有好几种，绘图技术相当高，成绩是应该首先肯定的。同时我也同意维国同志的看法，民居的内容是全面的和综合的，作为设计参考资料来说，透视图固然解决了三度空间的视觉，这是好的。假如缺乏平面、立面、剖面和局部详图，不能对功能、材料、构造等作全面的了解，有可能会引导人们走向纯艺术观点上去。尤其是透视图，带有若干主观的表现和倾向，可将丑的、破烂的房屋画成美丽的形体，在这一点上，相片更能表达真实情形，所以绝对不可缺少。如果从历史方面来衡量，那要求就更多了。"[19] 所以后来在民居的调研中我们对此问题也加以注意。

浙江民居调研工作结束后，自 1963 年下半年起，又开展了福建民居的调查，对闽东、闽西、闽南各地的民居进行调查和测绘，特别关注闽东一些近于联排住宅的民居和闽南的土筑大楼，包括村落中大小土楼的组合关系。其中巨大的圆形土楼等反映了当地农村居民近似于集体居住的生活特点，为全国所仅见。福建土楼主要分方形、圆形两大类，都是四周围以方形和圆形的厚夯土墙，墙内视规模大小建两到三圈木构居住房屋，中间为公用的建筑或祠堂。从功能上说建厚围墙是出于防御目的，其内的居住房屋大体是相同的若干居住单元。在我们调查的过程中，发现方楼中的永定县上洋村的遗经楼和龙岩市适中的庆云楼，圆楼中的永定湖坑的振成楼和华安县的齐云楼，其形制和完整性都是现存较有代表性的实例。福建民居的调研基本遵循浙江民居调研的同样方针开展工作，前后画了 400

浙江杭州上天竺民居

浙江黄岩民居

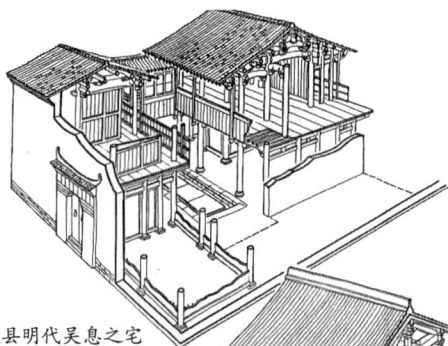

① 歙县明代吴息之宅

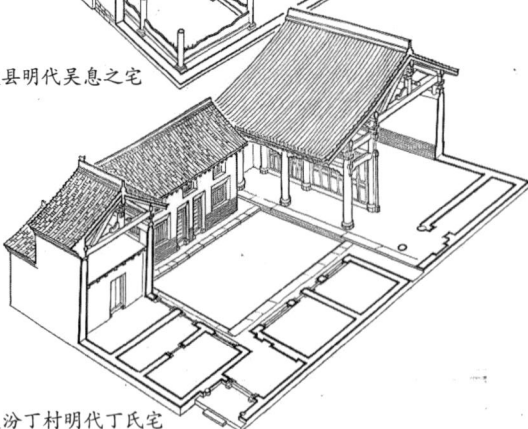

② 襄汾丁村明代丁氏宅

③ 浙江东阳卢宅（明代巨型住宅）

明代民居示例

浙江临海江厦街写生

外滩 办公室
(照相)
62.5.17.

上海市政府大楼写生

上海市和平饭店写生

余幅图。至 1964 年秋，因全体人员被召回单位参加"四清"运动而中止。

到"四清"运动时，这些民居调研成果又被有心人发现问题，成了批判的靶子。浙江民居被怀疑是宣扬地主生活，建筑史的书稿也都不获通过，又被全面批判了一回。随后是建筑科学研究院建筑理论与历史研究室撤销，就连院长汪之力、书记刘祥祯等几位同志都因用人不当受到了严厉批评，证据之一是因为历史室里有包括我在内的"摘帽右派"。随着建筑科学研究院建筑理论与历史研究室的解散，所里的 100 多人都各自分配到外地去了。浙江民居调研的专题成果，因为此前已经归档而十分幸运地得以保留。而福建民居的资料，比浙江民居内容更丰富，画得也更好，但是没有来得及归档，就被装了麻袋，焚毁"消毒"了。福建民居调研的重要工作成果和珍贵资料，目前只余少许照片，基本没有正式图纸和文稿保留下来。虽我个人尚存有一些速写手稿，但因无相应的实测图纸，已不可能反映其全貌，而当时调查过的重要民居建筑，有些现已不复存在，十分令人惋惜。浙江民居调研留下来的成果后来得以出版，然而令人

福建大小土楼建筑群

福建永定民居

63.8.

福建永定圆形土楼民居

福建永定方形土楼与圆形土楼并列

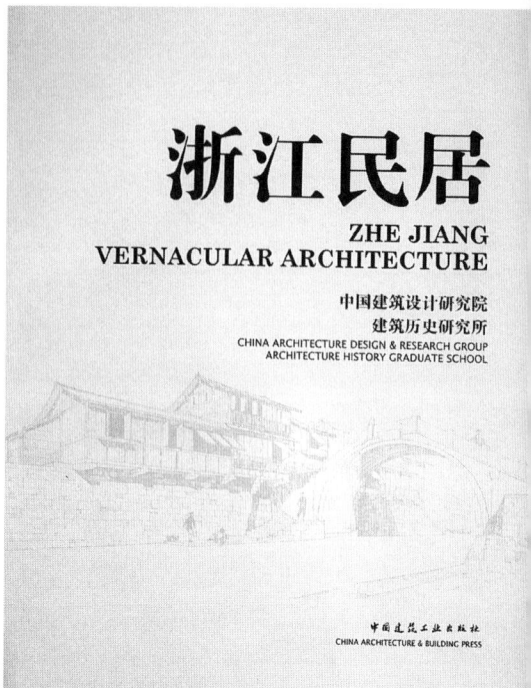

已出版的《浙江民居》

万分遗憾的是，书籍出版之后，这些浙江民居原图却全部离奇失踪了。

对浙江、福建民居的调查，使我对我国民间建筑文化传统、地域风格特点、生活习俗有了较为具体、深刻的认识，而大量的现场写生、测绘制图也大大提高了我的绘画水平。我平生最佩服的是梁先生的铅笔速写，这次按照他的风格去画民居写生，反映民居的特色和优点，获益良多。

第四节　跟随刘敦桢先生

我主要是师从刘敦桢、梁思成两位先生学习的中国建筑史。梁先生直接教我的并不是很多，相对而言，跟刘敦桢先生直接学的东西对我的影响要更大一点。

从考入建筑系开始，我一直将中国古代建筑史研究认定为我的主要事业，并一直为此不断努力。后来的学习和工作过程中，无论遭遇了什么，我都不曾放弃初衷，即便当时的本职工作与之毫不相干，我在业余时间还是会思考有关建筑历史的问题。幸运的是，从1963年开始，我被调去参加刘敦桢先生主编的中国古代建筑史的工作，主要任务是建筑制图，我感觉自己终于走上了正轨。虽然这段时间很短，但是我做了很多事情，也学到了很多东西，这段经历对我的专业思想发展是有很大帮助的，所以说刘敦桢先生对我后来专业上的发展有着非常重要的影响，我是非常感激刘先生的。

1962年、1963年两年间，我参与民居调研工作时间较多，只是零星地给刘敦桢先生画了一些图，大约也就是用了一两个月的时间。1964年的整个上半年都是给刘先生画古代建筑史的图，那时与刘先生的接触就多了，几乎天天见面。我画的图要给他看，他有任务也要交代给我。

1. 亲授研究方法

三史编纂委员会成立后，刘先生的主要任务是主持编纂中国建筑史。大概是1963年上半年，历史室派王世仁、杨乃济和我三个人参加刘先生的工作，我们的任务主要是画图，我主要是画建筑结构图，杨乃济画装饰图。

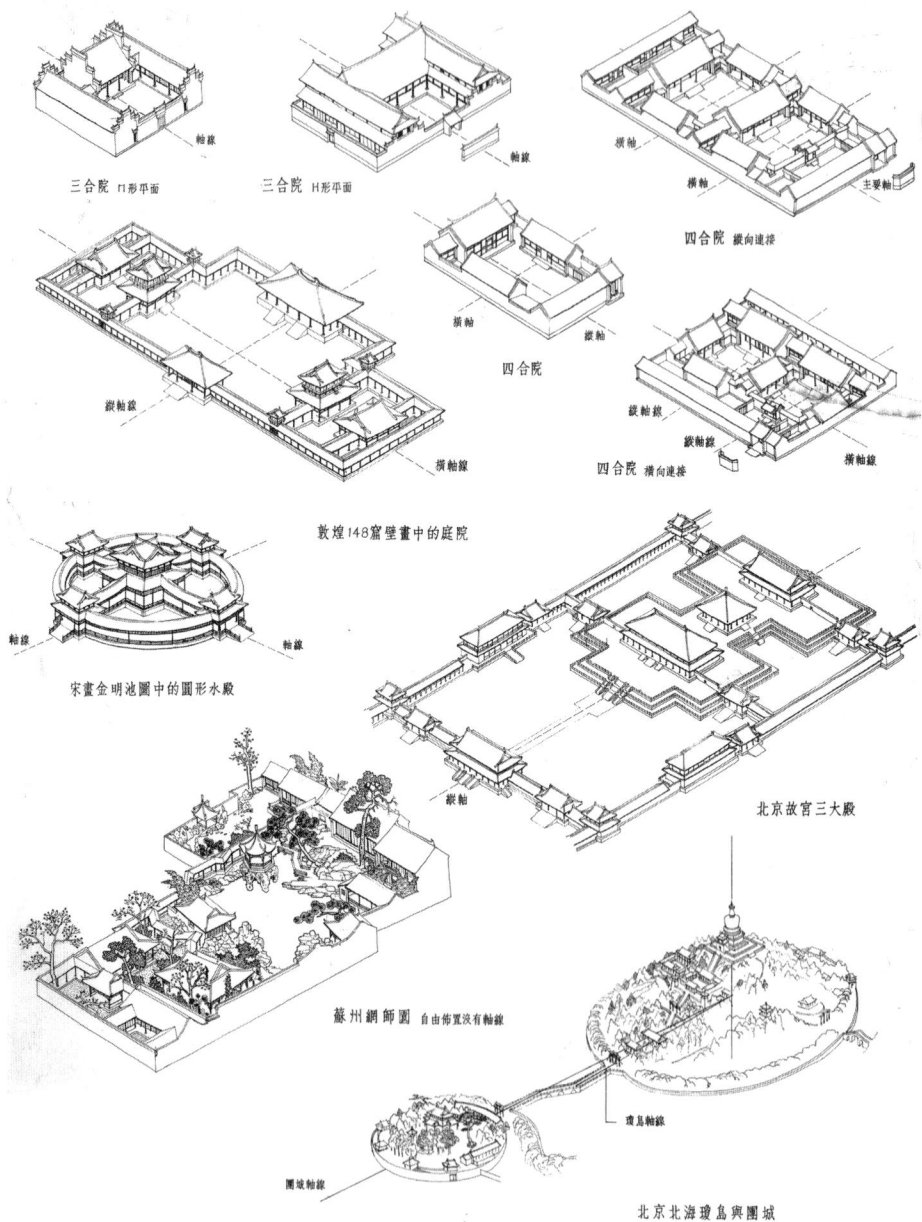

三合院 П形平面　　三合院 H形平面　　　　　横轴　　　　横轴　　　主要轴

四合院 纵向连接

横轴　纵轴

四合院

纵轴线　　　　　　　纵轴线

四合院 横向连接　横轴线

横轴线

敦煌148窟壁画中的庭院

宋画金明池图中的圆形水殿

轴线　　　　轴线

纵轴

北京故宫三大殿

苏州網師園 自由佈置没有轴线

瓊岛轴线

圆城轴线

北京北海瓊岛与圆城

按刘先生要求绘制的中国建筑庭院组合示意图

中國古代建築屋頂
——組合型體舉例

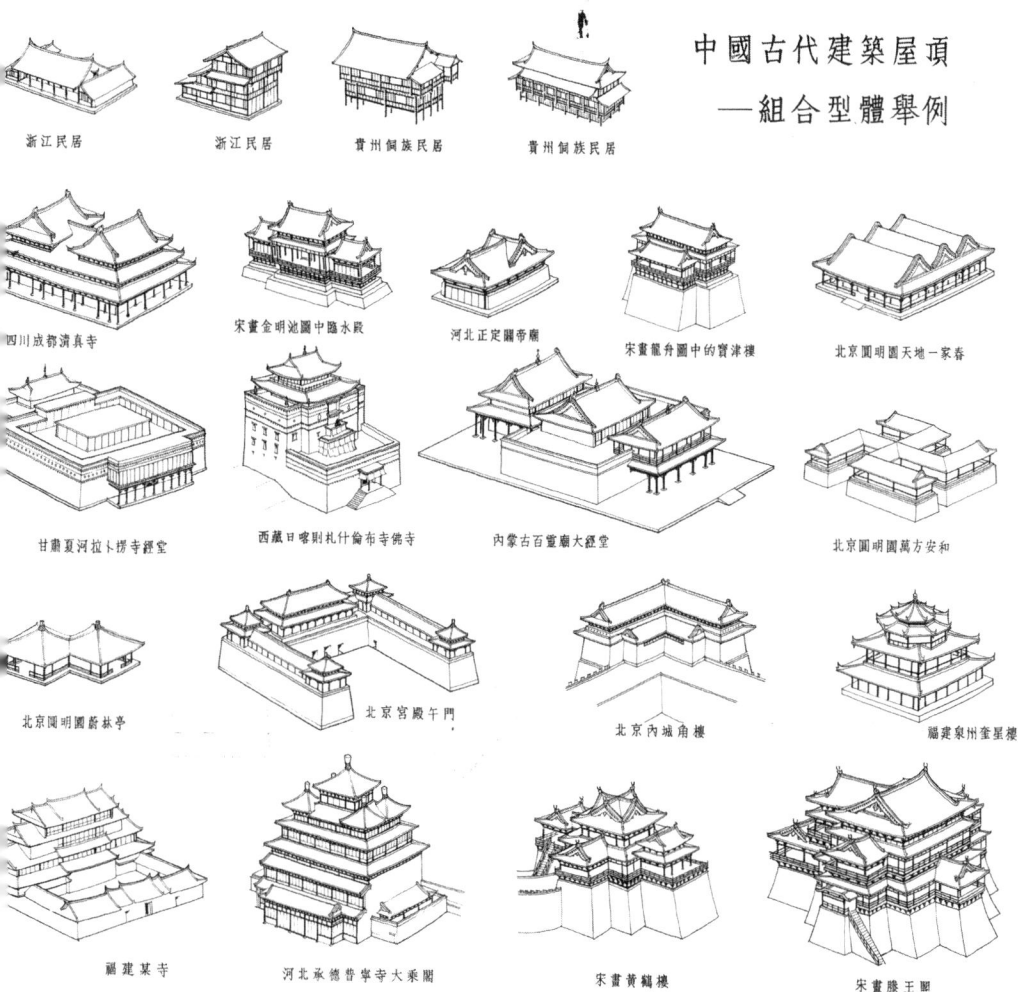

浙江民居	浙江民居	貴州侗族民居	貴州侗族民居

四川成都清真寺	宋畫金明池圖中臨水段	河北正定關帝廟	宋畫龍舟圖中的寶津樓	北京圓明園天地一家春

甘肅夏河拉卜楞寺經堂	西藏日喀則札什倫布寺佛寺	內蒙古百靈廟大經堂	北京圓明園萬方安和

北京圓明園蔚林亭	北京宮殿午門	北京內城角樓	福建泉州奎星樓

福建某寺	河北承德普寧寺大乘閣	宋畫黃鶴樓	宋畫滕王閣

按刘先生要求绘制的中国古代建筑屋顶组合形体举例

刘先生对画图也有很高要求。一个是要求不能只画古建筑的平面图，还要综合性地画一些按时代、地区、类型分别组合起来的比较分析图，以说明其特点和差异。所以我就画了一批中国古代建筑屋顶形式的综合图。因为《中国古代建筑史》里有一处讲到中国古代建筑的屋顶到底有多少形式，还有中国古代建筑院落组合的形式等，这都要画很大的图，画起来是挺费力的。另一个要求是画透视图。古代的

唐大明宫含元殿复原（据考古所最初发表的实测图

唐大明宫玄武门复原图

建筑图，都是简单的平面图，无法表达真实建筑形象，所以要把那个简图转绘成透视图，其实这就跟复原差不多了。大量画这些图，也帮助我对建筑形制有了更进一步的理解。

另外我还画了一些古建筑的复原图，刘先生说有好多古建筑，如含元殿和麟德殿，均只有遗址发掘图，需要做复原研究，画一些复原图来展示古建筑的形象。唐长安大明宫含元殿复原图、麟德殿复原图都是我在那时候开始画的。[20]我后来做古建筑复原研究也是从那时开端的。

我还把一些能反映古代大建筑群布局特色的古碑、古图，如宋代所刻汾阴后土庙图碑、明代所绘太原崇善寺图等，按现代画法转绘成易于了解其特

宋代汾阴后土庙图碑拓本

据宋代汾阴后土庙图碑所绘透视图

已出版的《中国古代建筑史》的第一版和第二版

点的鸟瞰透视图，给建筑史增加一些有史料依据的形象资料。

这本《中国古代建筑史》采用通史形式编写，从最早期一直到清末，完整展现了中国古代建筑的发展历程，工作量相当大。跟随刘先生工作，基本上整天在办公室，晚上住招待所，白天研究建筑史，就趴到那儿去画图，不懂的就请教刘先生。刘先生说这个图不对，你还得改，我就改。通过这些工作，我对中国建筑历史有了一个全面的深入了解。

当时刘先生提出要求，我除了画图之外还有一个任务，就是编写注释。他对注释要求严格，所有的引文要注明来自哪本书，是什么书局出版，引自第几卷第几页等，因为我在编写注释的过程中必须查阅大量的文献史料，《四库全书》和《古今图书集成·建筑编》都是我当时经常查阅的古籍，这对我了解和熟悉文献史料极有帮助。

这项工作一直进行到1964年末，"四清"运动开始后，便被搁置归档了。刘先生晚年倾全力进行这项工作，前后反复修订多次，最终改到第八稿，但直至"文化大革命"结束后的1978年才得以正式出版，其时距刘先生逝世已有10年之久。不能亲见其出版问世，对刘先生而言不能不说是一大憾事。

2. 传授《营造法式》

在刘敦桢先生身边工作，刘先生深厚的文献研究功力、对建筑发展的精深见解、对后学循循善诱的指导和关爱、教诲使我终生难忘。我曾向刘先生请教关于《营造法式》的问题。刘先生就拿出他根据故宫藏清钞本亲手校勘和亲手批注的陶湘刻本的两部《营造法式》给我看。我一看，真好，我说："刘先生，我能不能抄一份，以后好学习。"刘先生说："好啊，可以，我还有一个校本呢，校对的故宫藏的最好的本子，一起给你，你抄吧。"于是我白天画建筑史的图，晚上就在宿舍灯底下抄这部书。

　　刘先生这种无私的学风和对后学的关爱教诲使我终生难忘，也开启了我以后进一步研究《营造法式》的热情。以后我又先后在这个过录本上用国家图书馆所藏残宋本、文津阁四库全书本、瞿氏铁琴铜剑楼旧藏清前期钞本进行校勘，并过录了朱启钤先生的手批陶湘刻本，这对我研究《营造法式》有很大帮助。

合校本《营造法式》页面

我在 1963 年 7 月过录的刘先生校对《营造法式》故宫本，红笔和绿笔两种都是刘先生的批校。后来又在此本上用蓝笔过录了朱启钤先生的批校，还有粉笔的是故宫《四库全书》里面的内容，所以这个书相当于是很多人校过的，多少人的智慧集中在一起，应该算是《营造法式》最好的一本了。这里面还有些图是有错的，也做了修改、校注。后来我做相关研究时，《营造法式》一直都是用的这个本子。

3. 搜集古代绘画材料中的建筑形象

我重新开始在书画方面进行较为具体的研究是在 20 世纪 60 年代前期，在协助刘敦桢先生编写《中国古代建筑史》时。为了在建筑史中引用中国古代绘画中的建筑史资料以补充古建筑实物资料之不足，我开始应用研究古建筑所用的比较分析法和古建筑断代知识，对一些拟收入建筑史中的重要古代名画的年代进行探讨，这样，我在研究古建筑和研究古书画之间找到了一个结合点。

为刘敦桢先生画建筑史图的时候，刘先生表示希望能找一些有参考价值的古画中的建筑形象收录进去，以补实物之不足。于是我以前接触过的书画鉴定知识又能有用武之地了。建筑史早期的实物没有留存，唐朝的建筑物现在也就只剩四座，其他的什么东西都没有了。所以在建筑史的图里，刘先生也会去找一些绘画资料，拿来后会问一下我的看法。因为我们要找的主要是画有建筑的古画，所以我头一个接触的就是隋朝展子虔的《游春图》，是现存于国内最早的一幅山水画。

既然要收入建筑史，我就得应用建筑史的知识来考察这张画上所画的建筑，看看是否符合那个时代的特点。展子虔《游春图》传为隋代绘画，但我发现它所画屋顶上的鸱尾和兽头与出土隋代石屋、陶屋和敦煌壁画所示均不相同，反而更接近于北宋特点；再进一步看所画人物的服饰，头上所戴幞头已是固定的帽子而非用头巾裹成，也不符合隋及初唐

展子虔《游春图》局部

图一

图三

《关于展子虔〈游春图〉年代
探讨》的分析图

特点而更接近于唐代后期形
制。据此两条，我对图中所
绘建筑是否为隋代建筑产生
了疑问。

　　还有一幅很有名的画，
是五代时期的顾闳中所绘
《韩熙载夜宴图》。《韩熙
载夜宴图》所画家具已非
唐人惯用的盘膝而坐的榻
和案，而是垂足而坐的床、

《韩熙载夜宴图》右端床栏板上所画马夏
派简笔山水画和具有宋高宗书风的题字

椅子、桌子，反映了唐至五代北宋期间随着人起居方式的变化而引起
的室内家具的变化。但可疑处是所画床的横栏上的山水画右上部为山脚
和下垂之树，左下部为水和扁舟，竟是南宋时号称"马一角""夏半边"

的马远、夏圭画派的对角线构图的简笔风格，画前的题字也是具有宋高宗书风的南宋人所书，因而只能认为此图是南宋人的临摹本。

唐人的金碧楼台山水画有多幅传世，传为唐代李思训、李昭道父子的画派，其中画了大量宫殿建筑。他们的作品中专门画金碧，大张有两三张，小张也有四五张。刘先生说可否考虑考虑。但把它和敦煌唐代壁画所绘以及四川大足北山石窟所雕相比，都不相同，却与南宋及金代画中所绘多有相似之处，如在宫殿建筑的下檐下多使用帘架，在构件和细部

《韩熙载夜宴图》中的家具

传世李思训山水楼台画卷

上也出现南宋特点，明显不是唐代绘画，而应属南宋以后作品。

但宋代民居在北宋张择端《清明上河图》、王希孟《千里江山图》和南宋赵伯驹《江山秋色图》中均有大量描绘，极具时代特色，完全可以用于建筑史配图之中。由于照片不易得，我在故宫展览时去对照原作速写，然后分类绘成图片，也得到了刘先生的赞许，并收入刘先生编的《中国古代建筑史》中。这类形象史料在现在是不可能找到实物的，这就满足了刘先生的要求。

我通过建筑史的画图工作，又重新链接到古书画鉴定方面，再次开始接触绘画史。根据前述研究结果，我写了三篇论文：《关于展子

① ② ③ ④ ⑤ ⑥

《谈几幅传为李思训画派金碧山水的绘制时代》之分析图

按刘敦桢先生要求摹写的王希孟《千里江山图》中民居

小城堡

住宅及寺观

閣道與廊橋

寺观

住宅

村落

按刘敦桢先生要求对赵伯驹《江山秋色图》中所绘各类型建筑的摹写

虔〈游春图〉年代的探讨》《〈韩熙载夜宴图〉年代的探讨》《宋赵佶〈瑞鹤图〉和它所表现出的北宋汴梁宫城正门宣德门》，并送呈刘敦桢先生指正。由于"文化大革命"原因，直到 20 世纪 70 年代这三篇文章才得以正式发表。

第五节 "四清"运动中的幸存留守

1964 年下半年"四清"运动开始，以研究中国古代建筑史为主的建筑科学研究院建筑理论与历史研究室成为运动重点，浙江民居因

浙江东阳白坦务本堂外观图

其中画有少数地主大宅，而且有些画的竟是还原完整面貌而非残破现状，被批为替地主画"变天账"，被全面否定。在批判中，甚至有人在所画民居大图中添画了手执算盘的收租地主形象后展出，以突出其"变天账"的性质。

1965年上半年"四清"运动结束后，在全面否定建筑历史研究工作的同时，决定撤销建筑理论与历史研究室，人员大部分配外地，一个百余人的研究室立即解散。

解散期间我又一次交了好运。当时刘先生和梁先生对解散研究室是不同意的，但是阻止不了，毕竟这是建工部的决定，连院长都跟着挨批了。但是两位先生提出要保存图书资料和研究成果，当时为了保存文献资料，还在图书馆专门开辟了一层楼；另外还提出希望有几个人最好能保留其专业，这其中就有我在内。

1. 在陈明达先生指导下工作

1965 年下半年到 1966 年上半年，我被临时借调到文物出版社工作，陈明达先生当时在文物出版社当编审，主持有关古建筑和石窟、雕塑诸方面书刊的审编工作，并专门探索编辑全国重点文物保护单位专辑的规格和体例。我在他的指导下工作，陈明达先生脚踏实地的学风，精密严格的研究分析，对《营造法式》大木作制度的深刻见解令我十分钦敬，我一直以师礼事之，得到他很多教益。[21]

2. "文化大革命"中与工人同劳动并下放干校

1966 年夏，"文化大革命"开始，我只能返回原单位参加运动。工宣队和军宣队要求我靠边站，但我并没有遭到批判或隔离。我当时就想："别自找麻烦了，老老实实接受群众改造吧。"后来我被分配到锅炉房，当水暖维修工，一直到 1970 年，大约干了三年半。当时的任务是谁家管子坏了就去修理，冬天晚上则不能回家，负责烧那个采暖大锅炉，半夜室外零下二十多度，得出去到煤堆上铲煤，之后推进锅炉房里去烧。往炉膛里撒煤可是货真价实的体力活，所以当时我的身体倒是锻炼得挺棒的。

看到被揪斗的年近六旬的院长、书记们在盛夏时竟被迫钻到锅炉房中巨大的兰开夏锅炉内敲击水垢，闷热的环境和震耳欲聋的敲击声，连工人们都觉得实在看不下去，当造反派不在场的时候，我们就设法增加其休息时间，降低他们的劳动强度，或提前放走。在没有维修任务时，我就和工人们一起学习，替他们读报，大家相处得相当融洽。

1969 年下半年，全院职工被整体下放到了建筑工程部设在河南修武的五七干校劳动。在干校干了一年农业劳动后，我开始患上腰椎间盘突出的毛病，发作起来相当痛苦，所幸 1970 年秋干校宣布解散，大大减轻了我的困苦。

第六节　十年内乱中与启功先生的 "精神会餐"

"文化大革命"之时，书画均属于"四旧"，都在被破之列，当然更不能展览了。徐邦达先生还在故宫里被戴上高帽拿着纸牌子游街，书画鉴定更无可能。但是我还是无法放弃对书画鉴定的爱好和追求。恰逢那个时候我家被抄，扫地出门，新住处与启功先生的居所是前后胡同，于是我就经常去找他聊天。当时启功先生的很多藏书和画册，也都被学生当作"四旧"贴上了封条。这其实是学生们为先生采取的隐晦性保护措施，因为若没有这些封条，这些书籍和画册多半就会被街道的小流氓拿去毁了。所有的书箱都贴上了封条，所以启功先生的书和画册就保存下来了，但是他也不敢撕开封条取看。我们两个就只能对坐聊天，凭借留在记忆中的印象，聊聊以前看过的字画优劣如何，有无疑点，妙在何处，等等。我从他的闲谈中学到了很多东西，启功先生说这样对谈就等于是"精神会餐"。

在当时情况下，这种"精神会餐"实属难得的休闲享受，而我也在其中获益极大。

1. 研究敦煌写本为亡母抄写《法华经》发愿文

这其中还有一段插曲。一次聊天当中，启先生忽然拿出了一些小照片，是国家文物局收藏的敦煌写本的照片，写本有好有坏，他指着一张特别喜欢的跟我说："你看这个写得真好。"我一看确实很好，字体自有风格，写的是规规矩矩，间距布局也很整齐，跟普通的写本质量明显不同，让人眼前一亮。

我们拿着照片研究来研究去，突然看见里面有"先妣太原王妃"几行字，大意是此人发愿要为亡母太原王妃抄写《法华经》三千部。

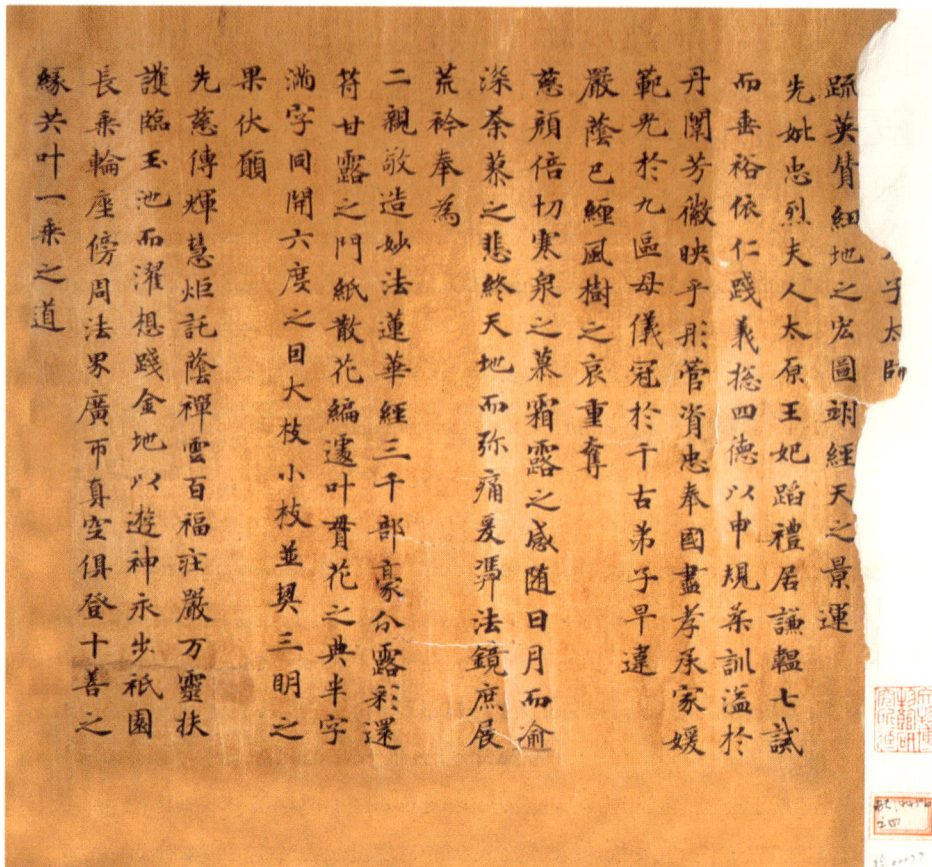

武则天为其父母祈福写《法华经》的发愿文

抄写《法华经》三千部堪称壮举，一部法华经有七卷，三千部就是两万一千卷，这得花多少钱啊？又得多少人写啊？一般人办得到吗？看着看着突然间想起来了，武则天的父亲曾封太原王，这个太原王妃应是武则天的母亲，那么这个抄经的写本就很有研究价值了。然而这张经卷到底是不是武则天命人抄写尚未可断定，因为武则天的兄弟姊妹也有此可能，我们当时手头无书可查，只是聊过便罢了。

1973 年，我到文物局去参加中国文物展览的备展工作，那里资料齐全，我想到那张法华经发愿文的照片，就去翻查书籍。按照史书记载，到武则天母亲去世之时，武则天的两个姐姐都已经逝去，而她的两个哥哥，也因在武则天父丧期间对其母不敬而被武则天所杀，所以，当时有资格称呼武则天母亲为先妣的，就只有武则天一人，这个抄经的发愿人就是武则天！理清了这个写本的历史来路，它的重要性也就显而易见了。这个写本现藏文物研究所，在其藏品中占有相当重要的地位。其后，在查阅和征引了较多的古籍后，我撰写了《记启功先生发现的武则天发愿为其亡母写妙法莲华经残片》一文，以更详细的文献史料进一步申明启功先生的论断。文章在"文化大革命"后发表。

2. 临习名家书画

"文化大革命"期间，原来日常工作中的学术活动全数中止，无所事事的日子实在是太过无聊。在与启功先生闲谈中，他鼓励我多少要学一点书法、绘画，指出这样有助于更进一步了解古书画。因为我

"文化大革命"中按启功先生指导临摹的南宋画《溪山清远图》

喜欢南宋马远、夏圭画派，启先生拿给我一册夏圭《溪山清远图》的旧印本，让我临习。我画过两张，他给我纸让我又临了两张。通过临摹古画，可以更具体地了解前人的书画风格和笔法、笔意，这对我以后进行书画鉴定工作确有很大助益。写字也是一样。启先生说："通过写经练习比较好，但武则天写的经没有，我给你一个更好一点的你回去写。"他给我的是敦煌发现的唐人沈弘写经的日本印本，要我临摹学习小楷。我对之反复练习，我的毛笔字基本上都是那个时候练出来的，然而只会写楷字，行书、草书和大字都写不了。

3. 练习水彩画

我画建筑表现图的基本功是画水彩和素描，在当时"文化大革命"的特殊历史条件下，为避免被人指责为怀旧，往往就画些符合当时风尚的，例如广州农民运动讲习所、福建古田会议遗址、韶山毛主席旧居等具有革命历史纪念意义的建筑。在河南修武"五七"干校的时候，大字报的刊头、张贴的小报和插图有时也叫我画。比如嘉兴南湖红船，红色娘子军，等等。这些至少可以表明我不是一味欣赏古书画的。但我临摹的国画全都没发表过。

"文化大革命"中画的古建筑——广州农民运动讲习所

注释

[1] 李宗津（1916—1977），祖籍江苏常州，油画家及美术教育家。

[2] 吴冠中（1919—2010），江苏宜兴人，当代著名画家、油画家、美术教育家。

[3] 刘致平（1909—1995），字果道，辽宁铁岭人，建筑学家。1928年考入东北大学，是建筑系第一班学生。1935年为营造学社研究生。主要著作有《中国建筑设计参考图辑》（共10辑，由刘致平编纂，梁思成主编）、《云南一颗印》、《中国建筑类型及结构》、《中国居住建筑简史——城市、住宅、园林》、《中国伊斯兰建筑》等。

参见：王世仁. 刘致平［M］//杨永生，王莉慧编. 建筑史解码人. 北京：中国建筑工业出版社，2006：53-55.

[4] 莫宗江（1916—1999），广东新会人，建筑学家。中国建筑学会建筑史分会副主任，是梁思成先生的主要助手，曾参与国徽的设计。1931年在营造学社进行测绘工作，曾代表营造学社参加中国研究。

参见：王贵祥. 莫宗江［M］//杨永生，王莉慧编. 建筑史解码人. 中国建筑工业出版社，2006：75-80.

[5] 赵正之（1906—1962），原名赵法参，字正之，原籍河北乐亭，出生于辽宁梨树，建筑学家。1926—1929年入东北大学化学系预备班，1929年转入建筑系本科，师从梁思成、林徽因二先生。1934—1937年到中国营造学社任绘图员，是梁思成先生的主要助手。主要著作有《元大都平面规划复原的研究》（遗稿）、《中国古建筑工程技术》、《中国建筑通史资料（北京部分）》。

[6] 陈明达（1914—1997），湖南祁阳人，著名建筑学家，建筑史学家，营造学社成员。1932年经莫宗江介绍到中国营造学社工作，任刘敦桢先生助手。1935年为刘敦桢和梁思成先生的研究生。1940年随刘敦桢和梁思成考察西南地区的古建筑。1942年参加彭山崖墓发掘工作。1976年到中国建筑技术研究院建筑历史研究所工作。编写《应县木塔》《巩县石窟》《营

造法式大木作研究》《中国古代结构建筑技术》等专著，晚年著有《独乐寺观音阁、山门的大木制度》，并留有大量《营造法式研究》遗稿。

参见：傅熹年. 陈明达［M］// 杨永生，王莉慧编. 建筑史解码人. 北京：中国建筑工业出版社，2006：60-63.

［7］ 王世仁（1934—），原籍山西大同，国家历史文化名城保护专家委员会委员，北京市文物古迹保护委员会委员，首都规划建设专家委员会专家。俄罗斯建筑遗产科学院外籍院士。著有《王世仁建筑历史理论文集》等。

参见：王世仁. 王世仁［M］// 杨永生，王莉慧编. 建筑史解码人. 北京：中国建筑工业出版社，2006：214-218.

［8］ 杨鸿勋（1931—2016），河北蠡县人，建筑史学家、建筑考古学家、中国建筑学会建筑史学分会原理事长、俄罗斯建筑遗产科学院院士。1955年毕业于清华大学建筑学系。著有《建筑考古论文集》《江南园林论》等。

参见：杨鸿勋. 杨鸿勋［M］// 杨永生，王莉慧编. 建筑史解码人. 北京：中国建筑工业出版社，2006：174-179.

［9］ 王其明（1929—），北京大学教授。1961年清华大学营建系毕业，梁思成先生的助手。主要从事民居研究，参与编写《浙江民居》，著有《北京四合院》等。

参见：王其明. 王其明［M］// 杨永生，王莉慧编. 建筑史解码人. 中国建筑工业出版社，2006：75-80.

［10］ 关野贞（1868—1935），日本的建筑史家，著有《中国文化史迹》《朝鲜古迹图谱》。

［11］ 朱启钤（1872—1964），字桂辛、桂莘，号蠖公、蠖园，祖籍贵州紫江人（今开阳县）。中国近现代著名实业家、建筑史学家、文物收藏家。1930年创办中国营造学社，并担任社长，著有《哲匠录》等。

参见：傅熹年. 朱启钤［M］// 杨永生，王莉慧编. 建筑史解码人. 北京：中国建筑工业出版社，2006.

［12］ 崔月犁（1920—1998），原名张广印。河北深县人。1937年奔赴延安参加革命，加入中国共产党，后被派到北平一带秘密从

事革命宣传活动，为北平的和平解放作出了贡献。新中国成立后，担任北京市政协秘书长、北京市卫生体育部部长等职务。1964年任北京市副市长，1975年当选为北京市政协副主席，1982年成为卫生部部长、党组书记。退休后任中顾委委员。

[13] 范瑾（1919—2009），原名许勉文，浙江绍兴人。北京日报报业集团的奠基人。

[14] 1956年5月，建筑工程部建筑技术研究所更名为建筑工程部建筑科学研究院。

参见：东南大学建筑历史与理论研究所编. 中国建筑研究室口述史（1953—1965）[M]. 南京：东南大学出版社，2013：5.

[15] 汪季琦（1909—1984），江苏吴县（苏州）人。中国建筑学会和《建筑学报》的主要创始人之一。曾担任中国建筑学会第一届、第二届秘书长，第五届副理事长和第六届顾问，还曾先后担任《建筑学报》主编，编委会副主任、主任等职。在汪季琦等的努力下，中国建筑学会于1955年就正式加入了国际建筑师协会。

[16] 1959年与重庆建筑工程学院合办重庆分室，主要成员有辜其一、叶启燊、吕祖谦等。1964年12月停止合办重庆分室。

参见：赵越，周觅. 傅熹年先生访谈录[M] // 东南大学建筑历史与理论研究所编. 中国建筑研究室口述史（1953—1965）[M]. 南京：东南大学出版社，2013：76-77.

[17] 汪之力（1913—2010），曾用名汪湘阳、汪之的，生于辽宁省法库县，建筑学家。1929年考入国立北平大学农学院（今中国农业大学）预科，毕业后（1931年）考入国立南京中央政治大学边省补习班，1932年考入国立南京中央政治大学外交系，1933年转入普通行政系。创立东北工学院，任党组书记兼第一副院长。后任建筑科学研究院首任院长兼党委书记。

[18] 同济大学的冯纪忠，上海民用院的汪定曾等上海著名的建筑师都参观了民居调查展览，并给出了很高的评价。"平面有条理，传统又符合摩登概念。"

参见：赵越，周觅. 傅熹年先生访谈录[M] // 东南大学建筑历史与理论研究所编. 中国建筑研究室口述史（1953—

1965）. 南京：东南大学出版社，2013：76-77.

赵越. 走向民间建筑，探索另一种传统：对中国建筑研究室（1953—1965）住宅研究的研究［D］. 南京：东南大学，2014：50.

［19］刘敦桢，喻维国，张雅音等. 关于民居调查及建筑［M］//刘敦桢. 刘敦桢全集·第十卷. 北京：中国建筑工业出版社，2007：205.

［20］梁思成、刘敦桢看了复原方案后指出：由于中国唐以前建筑基本没有保存下来，只能靠对遗址的复原来知其大略，所以复原研究很重要，要加强其科学研究的份量。应该通过对文献和遗址的细致研究，深入探讨各时代建筑的发展进程和其中体现出的建筑规制以及设计手法特点，而不是生搬硬套其形式结构；要细心体认在当时的社会环境、技术条件制约下古人会怎样考虑和解决具体建筑问题，而不是单凭本人臆想去进行设计；要用古代的风尚好恶而不是时下的风尚好恶去考虑风格问题，才能使复原研究更接近实际，更有参考价值。参见：傅熹年. 傅熹年建筑史论文集［M］. 北京：文物出版社，1998：472.

［21］2006 年为陈明达先生写小传，总结先生一生的工作和成就。特别认为陈先生提出的关于应县木塔的两个重要观点："木塔的立面构图有严密的数字比例。全塔由若干结构层水平重叠而成。"触及了中国古代建筑护设计和结构设计的本质问题，打开了我国古代建筑设计方法的大门，是建筑学和建筑技术发展史的新收获。在《应县木塔》附记中总结陈先生在《营造法式》大木作制度的研究成果说：先生的研究不仅留下了丰厚的成果，同时给后人留下了可供进一步研究探索的详实的实测数据资料，直到今天在建筑史研究中还没有更新的、能够取而代之的实测数据出现。《应县木塔》和《巩县石窟》在对单项古建筑进行深入研究并探索其设计手法方面取得了突破性的进展，不仅为编撰全国重点文物保护单位的专辑树立了样板，对文物出版和文物研究也起到了重要的作用。参见：傅熹年. 陈明达［M］//杨永生，王莉慧编. 建筑史解码人. 北京：中国建筑工业出版社，2006：60-63.

第三章

见放十年

第一节　下放的建筑史工作者

1970 年秋建工部"五七"干校解散，全部学员被分配到全国各地。我被分配到国家建委的第七工程局第五工程公司，当年 10 月份到甘肃天水报到，在设计科研组做技术员。那里是工程公司的施工部门，没有什么设计任务，只是偶然弄个小图。很多工作是具体的施工操作，我做过耐酸地坪的试验，用的仿制的上海的马牌沥青油膏，这些仿制品质量上肯定与正品无法比，只能试着用。还烧过沥青油膏，

宋营造法式大木作制度示意圖

以廳堂八架椽屋前後乳栿用四柱爲例

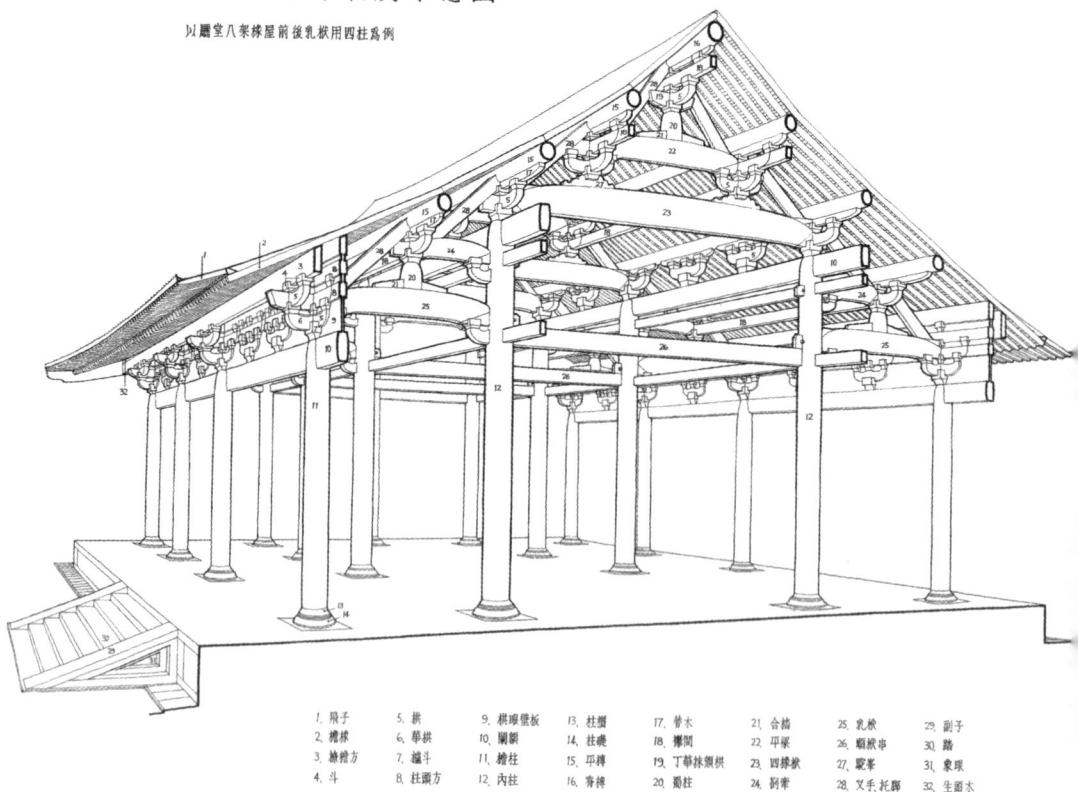

1. 飛子	5. 拱	9. 栱眼壁板	13. 柱礩	17. 替木	21. 合㭼	25. 乳栿	29. 副子
2. 檐椽	6. 華拱	10. 闌額	14. 柱櫍	18. 攔額	22. 平梁	26. 順栿串	30. 踏
3. 撩檐方	7. 櫨斗	11. 檐柱	15. 平槫	19. 丁華抹頦栱	23. 四椽栿	27. 駝峯	31. 象眼
4. 斗	8. 柱頭方	12. 内柱	16. 脊槫	20. 蜀柱	24. 剳牽	28. 叉手,托脚	32. 生頭木

宋式厅堂构架横向拼合图

配制过环氧树脂，这些实际工作都加深了我对具体施工工作过程的了解，但是却无法替代我心目中古建研究工作的位置。

我始终无法放弃对古建筑的研究，在天水工作之余，继续钻研《营造法式》。"文化大革命"抄家，我家是被扫地出门的，所有书籍资料散失殆尽，幸亏我当时在文物出版社跟随陈明达先生工作，为了方便查阅，我一直把过录了刘先生校本的《营造法式》以及几本工作中随时要用到的书放到了文物出版社的办公室，这几本书才得以逃过一劫。我到天水工作时也就带了这几本书，业余时间就专心研究《营造法式》，宋式殿堂型构架分上下三层、厅堂型构架横向拼合，还有辽代应县木塔构架上下分层等观点就是这一时期形成的。我还画了相应的分析图，都是我利用晚上时间在宿舍画的，并不影响我的日常工作。

天水周边有一些优美的古建筑，如北山玉泉观和仙人崖寺庙等，我利用休息时间都去看了，还画了一些写生画留念。

辽代应县木塔构架每层分为四层的分析图

天水北山玉泉观

天水仙人崖下寺庙

第二节　被文物部门借调从事的各项工作

1. 麦积山石窟调查

1971 年夏，文物局为维修麦积山石窟，派古建工程师祁英涛[1]先生到天水实地调查情况，为维修石窟做准备工作。祁工到达之后，因人手不足，向我单位借调我来参加麦积山石窟的调查和绘图工作。这样，我在远离专业六年之后能够再次接触古建筑，真是喜出望外。

要开展修缮工作，首先得有一个总体的测绘图。以前有一个测绘图初稿，我这次就在这个基础上加以补充，画出麦积山石窟的大幅立面图，然后再去看各窟有无问题，并对有建筑形象的窟檐进行测绘和写生。其余时间我就逐个洞窟地去细看，里边有壁画，也有石刻。麦积山的石刻是非常有名的，艺术水平非常高，我抽时间画了很多佛像。洞窟里头凡是绘有建筑内容的壁画，我也都画了写生来记录收集资料，有些还画了水彩画。任务完成了，祁英涛工程师回京汇报工作。他走了以后，麦积山管理处的人要我留下继续收集整理资料，所以我就在那儿又待了一个多月。那时候我可以进入所有的洞窟画画，就这样又收集了大量的资料。后来我根据这批资料撰成论文《麦积山石窟中所反映出的北朝建筑》，在 1974 年《文物资料丛刊》发表。

在麦积山工作近四个月，收集到了大量形象资料和图像，使我对北朝的建筑和雕塑、壁画有了深刻的认识，这是极为难得的机遇，而大量的现场写生和测绘，也使我日益生疏的写生和绘图技巧重现生机。

麦积山石窟写生

麦积山石窟全景

麦积山石窟 28 窟石雕窟檐写生

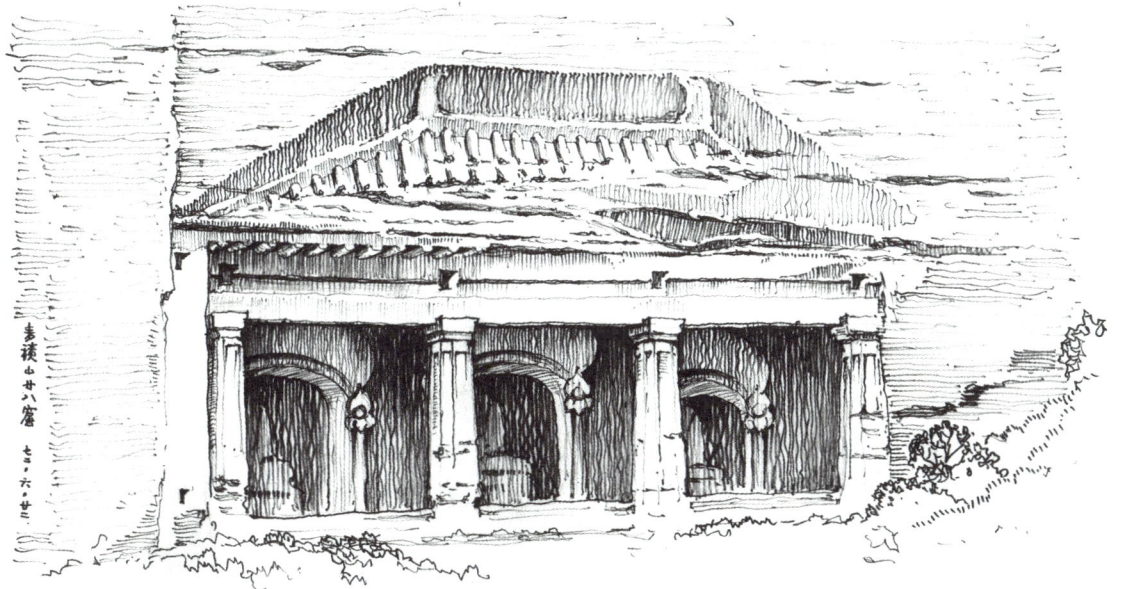

傅熹年 自传

麦积山石窟 169 窟北魏雕像写生

麦积山石窟 44 窟西魏佛像写生

2. 文物展览中的复原设计

在麦积山石窟的工作完成以后，我在 1972 年的夏天又收到调令，通知我到北京参加出国文物展览的筹备工作。这又给了我一次重拾旧业的机会。文物展筹备工作的办公地点在故宫的武英殿。我这次的任务也是画图，主要是画一些考古发掘图，还有建筑遗址的复原图。工作过程中，要根据考古研究所提供的遗址实测图，对新发现的埋在明北京北城墙下的后英房元代建筑遗址、埋在明清北京西直门下的元大都和义门遗址和唐长安大明宫含元殿遗址等古建筑的原状进行探讨，绘制出复原图和彩色渲染图，供赴法国、日本等国展览使用，宣传中国古代建筑成就和对文物的保护。

北京西直门发现了元大都和义门瓮城遗址，材料转过来后，我画了西直门的元大都和义门瓮城遗址复原图。元大都和义门遗址的瓮城是矩形，门外与城壕之间左右侧有隔墙，只有城门可以进出，各城门之间的城墙都被城壕封闭，与明清时代不同，可能反映了宋代和金代的传统做法。

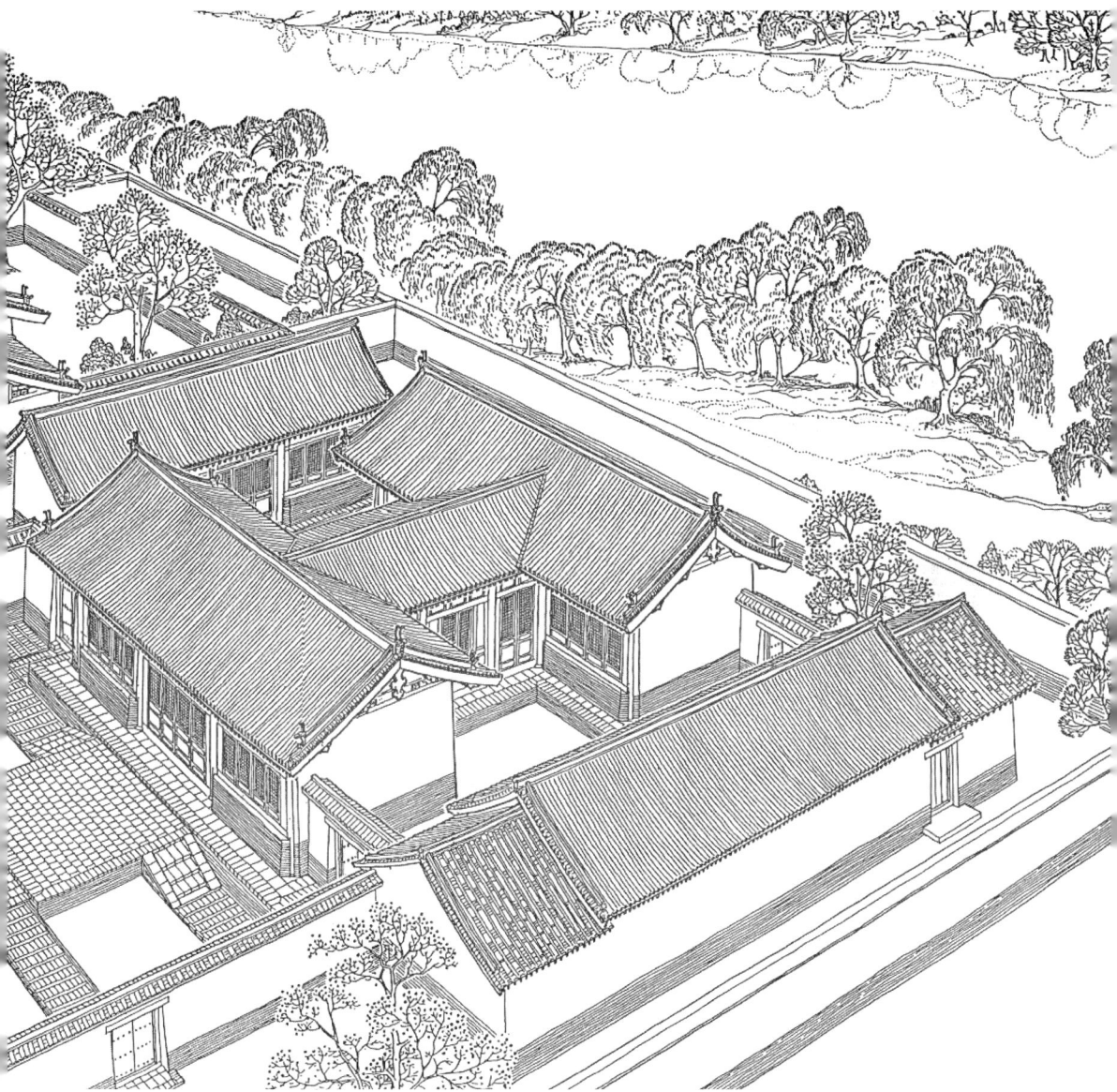

北京市后英房元代建筑遗址复原图

元大都和义门瓮城遗址复原图

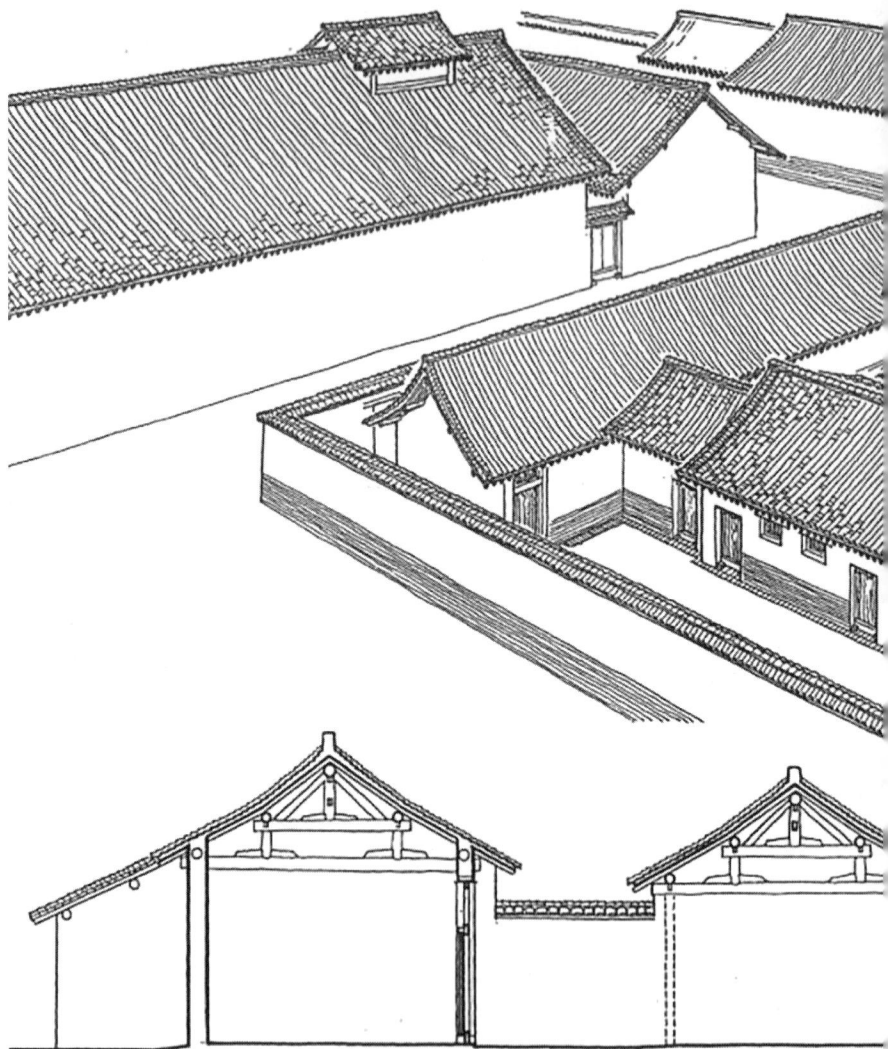

西绦胡同元代建筑遗址剖面复原图

北京西绦胡同元代居住建筑遗址复原图

北京拆除城墙的时候，在北城墙底下发现一段很大的元代建筑遗迹，柱础、墙头都有，连门窗隔扇都在里头，看来当年建城墙时就是把房子一推倒，接着就在其上夯土筑城了。这类的遗址发现了四五处，我也都一一画了复原图。其中后英房元代建筑遗址的主体部分是

昼晦的含元殿图小样

工字厅，反映了当时中高级住宅的特点。此外，在西绦胡同还发现了元代的联排式住宅遗址，每宅由前后两间组成，左右有围墙隔为小庭院，近似于标准化住宅，是元代民居的难得史料。

　　在画唐长安大明宫含元殿复原图时，还有一个小小的插曲。因为

我以前画古代宫殿、民居住宅时，描绘了建筑全盛时期的面貌，曾被批判为美化帝王将相，在画展览用的复原图时仍是心有余悸，唯恐再蹈覆辙，索性就画了晴天、白云、阴天、昼晦四张小图样，请领导决定取舍。领导看了大笑，说既然是向外国宣传我国古代的文化成就，当然要表现最美的形象，于是就画了以蓝天白云作背景的含元殿复原图供展览之用。

从 1972 年到 1973 年，这项工作大约进行了一年时间。总结此次接触到的史料，我后来将这次所做复原研究的成果撰成论文，如《唐长安大明宫含元殿原状的探讨》《唐长安大明宫玄武门及重玄门复原研究》等，于 20 世纪 70 年代后期先后在《文物》《考古》上发表。

3. 临摹马王堆汉简

1974 年初，我返回天水工作。当年夏天，我正在甘南地区支援农民麦收时，又接到通知，借调我到文物出版社的汉简整理组，去临摹最近在山东银雀山汉墓出土的竹简，工作地点在北京大学原红楼。

银雀山汉墓发现了大量的竹简，里面有《孙子兵法》《孙膑兵法》等内容。后来在湖南长沙马王堆又出土了很多汉简，也都集中到一起来整理了。那些汉简因为多年在地下被水泡着，一旦干缩后，字迹就显不出来了，所以不能让它干燥，每支都是泡在大长试管里边，只有这样才能长久保存原样。如此一来很难对之清晰拍照，展览、出书都有难度，所以就要找人临摹，用原样临摹的摹本来印刷出版。银雀山汉简和马王堆汉简的出土，在当时是非常重要的考古发现，汉简的临摹工作量也是相当大，需要大量人手，我就被借调来做临摹汉简的工作。这虽然与古建筑没有关系，但是可以学习汉隶，还能经常听到唐兰[2]先生、张政烺[3]先生、朱德熙[4]先生、顾铁符[5]先生等权威专家的议论，对我在文史知识方面的提高有极大助益。专家们的主要工作是讨论研究汉简的内容，他们提出一支汉简，或者一段文字，立刻就能讲出它的上下文内容，以及是出自何书，能够听到这些议论真是极为难得的机缘。而我的工作就是根据照片，一条一条地把汉简临摹出来。方法是在印好的照片上蒙上硫酸纸，用一点点的小笔去写，看不清楚的地方就拿去对照原件，力求与原简一致。从 1974 年到 1975 年一年多的时间，包括残断简在内，我临摹了《孙膑兵法》约 360 简，《孙子兵法》约 216 简，《晏子春秋》约 98 简，节临《马王堆医简·合阴阳》约 12 简，总计接近 700 简。有些汉简写的隶书非常优美，看了等于是艺术欣赏。

临摹的《孙子兵法》等汉简

4. 复原马王堆小城图

汉简整理组的专家里边，顾铁符老先生是来自文物局的，工作过程中，我还帮他做过一件很特别的与古建筑有关的事。马王堆汉墓出土的时候，顾老先生去现场看过那些帛书。当时他发现里边有一张城市地图，便记在了自己的小笔记本上。但是这次拿到北京统一整理的时候，他怎么找也找不着这张地图的原物了。幸好还是发现了一些线索，找到了地图的一些碎片，顾老先生就把这些小碎片拼在一起，根据自己的回忆和现场笔记，把这张地图成功复原了。顾老先生让我临摹出了这张地图，这对当时的马王堆考古发现来说，是很大的一个收获。因为马王堆出土的地图，有些虽然是大幅地图，但都是描绘城址中的一部分，只有这张小图是整个城市的地图，上面还写有围城多高，城中多少间等字样。但是当时不敢发表，因为当时出土时看过这张图是完整的，现在变成碎片了，现场发掘整理的责任就说不清楚了。当时"四人帮"已经插手过问汉简整理组的进展，常常派人来视察，顾老先生怕给发掘工作人员带来麻烦，所以一直搁置不敢发表。后来到"四人帮"被打倒后，20世纪80年代中才公开发表。但是发表的时候顾先生已经去世了，他自己没能亲眼看见，所以我撰写了一篇文章《记顾铁符先生复原的马王堆三号墓帛书中的小城图》，这是我临摹汉简期间，接触到的唯一跟古建筑城建有关的一个资料。它是我国现存最早的城市平面图，为了解西汉时期地方小城市的规模和布局提供了珍贵史料。虽已残破，仍属孤例，极具历史和科技价值。

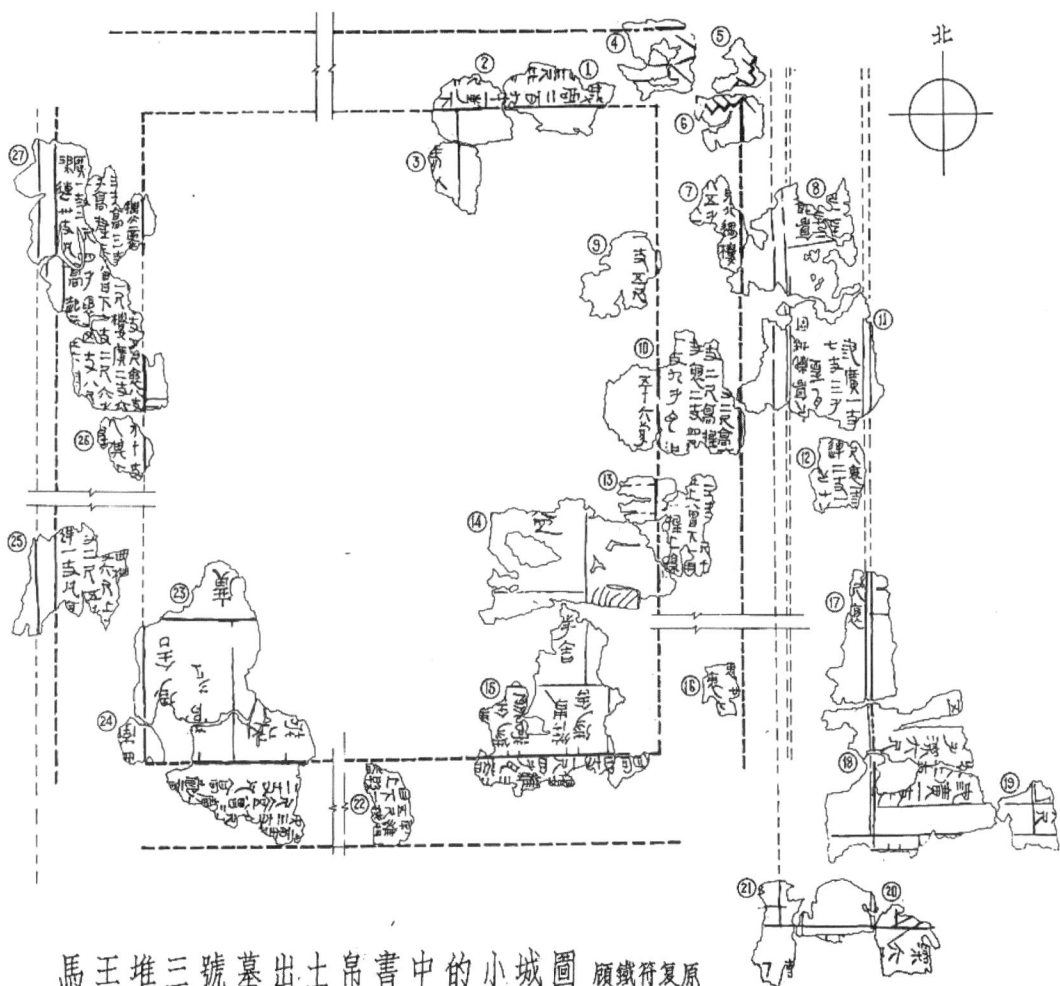

马王堆三號墓出土帛書中的小城圖 顾鐵符复原

顾铁符先生复原的马王堆帛书中的小城图

第三节 曲折的回调路

1. 延迟回调

临摹汉简的工作到 1975 年初完成，然后我的工作就开始发生变化了。

1971 年，国家建委建筑科学研究院开始恢复建筑历史研究工作，在建筑情报研究所内成立了一个建筑历史研究室。当时室内诸位都有意调我回来工作，但事情经过很是一波三折。那时建筑科学研究院的院长是袁镜身先生，是原来设计院的老院长，袁院长和院里领导都同意将我调回来，但是人员调动需要建设部发文，部里诸事均由军代表主管，军代表对于调动一个"摘帽右派"回京工作表示疑虑，未予批准。1975 年，袁院长向时任国务院副总理兼国家建委主任的谷牧同志汇报工作，提出研究室需要调我回来参加建筑历史研究工作，得到领导批准，同年 3 月，我才得以正式调回北京，重回建筑科学研究院建筑历史研究室参加研究工作。

这件事情对于我意义重大。因为 1964 年"四清"的时候，老院长汪之力跟历史室的刘祥祯书记，都曾因为"重用坏人、重用右派"的罪名而挨批挨整，那时候的历史室只有我一个"摘帽右派"，两位领导的挨批挨整，绝对有受到我牵累的缘故。"文化大革命"在 1975 年尚未结束，"四清"殷鉴不远，袁院长与我素不相识，他却能为历史室的工作要求向谷牧同志汇报，而谷牧同志从工作出发，同意了袁院长的申请，这在当时环境下都是有一定政治风险的。这次重新回到历史研究室工作，对我来说是人生非常难得的一个机遇，我必须加倍努力工作，做出成绩，才能不辜负这些老领导的心意和期望。这也成为鞭策我努力工作的极大动力。我对谷牧同志和袁院长是非常感激的。以后的每年春节，我都会去看望袁院长，自己每有新书出版也一定会送给他一本，请他指教。后来我参加中国古代书画鉴定组工作的时候，遇到谷牧同志和邓力群[6]同志前来视察指导工作，我得以有机会当面向谷牧同志道谢，并表示一定努力工作。

2. 参编专著

重返建筑科学研究院从事建筑历史研究后，在20世纪70年代前期，我先后参加了编写《中国大百科全书·建筑卷》和《中国古建筑》画册等工作。

《中国大百科全书》中有一个建筑卷，古建部分开始是请刘致平先生作主编的，后来是陈明达先生作主编，我是编委。开展这项工作，首先需要讨论确定《中国大百科全书·建筑卷》需要撰写的条目，确定了条目就相当于确定了中国古代建筑史需要研究的问题。再进一步，将已经完成的研究成果、需要做的研究课题以及有待进一步推进的研究内容逐一列明，作为以后整体研究的大纲之用。

为了编写《中国古建筑》画册，我们需要去全国各地收集材料，在此过程中发现了很多非常重要的历史资料。比如在山西繁峙发现的岩山寺南殿壁画，是金代一个宫廷画家王逵画的，属于非常精细的宫殿壁画。在福建看到了20世纪50年代以后确认的北宋建筑，在浙江看到宁波保国寺大殿也是北宋建筑，这些建筑资料从图像到实测图都被记录下来了。在苏州有一幅宋平江图碑，也被我们发现并记录下了。凡此种种，不胜枚举。所以这本图录里边收录了"文化大革命"以后考察中发现的很多中国古建筑的新材料，这是以前老版图录里所没有的新内容。

1978年评职称，我被评为工程师，结束了22年的技术员生涯。

1979年初，清华大学建筑系派人找我，谈给我改正"右派"结论问题，我当时觉得如释重负。但是清华大学建筑系给我的平反材料中，称我的问题不属于"右派"错误，我对这些说法完全不懂，还以为问题已经解决了。材料上交到建筑情报研究所，所里的一位局级老干部发现了问题，对我说："这个不行，不属于'右派'错误就是说你还有错误，还给你留着尾巴呢。"后来情报所党委就派人去跟清华大学建筑系相关人员直接联系，最后是清华大学将平反材料加以改正，不再提什么不属于"右派"错误了。这样，压在我头上二十余年的大石头终于被搬开，我算是"彻头彻尾"地回到了人民群众的队伍中来了。

注释

[1] 祁英涛（1923—1988），河北易县人，我国著名的古建筑专家。
1947 年毕业于北洋大学工学院建筑工程系。历任北京古代建
筑修整所工程师、文化部博物馆和文物保护科学技术研究所
高级工程师、中国文物保护技术协会常务理事，长期从事古
建筑的维修保护工作。著有《中国古代建筑的保养与维修》
《中国古代壁画的揭取与修复》《怎样鉴定古建筑》等。
参见：张之平. 祁英涛［M］// 杨永生，王莉慧编. 建筑史
解码人. 北京：中国建筑工业出版社，2006：103-107.

[2] 唐兰（1901—1979），原名张佩，又名佩兰、景兰，字立厂，
又作立庵、立盫，笔名曾鸣。出生于浙江嘉兴，是中国近现
代著名的文字学家、历史学家、青铜器专家。著有《古文字
学导论》《中国文字学》《黄帝四经》《战国纵横家书》《春秋
事语》《西周青铜器铭文史征》等。

[3] 张政烺（1912—2005），山东荣成崖头镇人，著名中国古代史
研究专家。毕业于北京大学历史系，在古文字学、古文献学
等领域有很高的造诣。著有《马王堆帛书周易经传校读》《张
政烺文史论集》。

[4] 朱德熙（1920—1992），江苏苏州人，中国著名古文字学家、语言
学家、语法学家、教育家。著有《语法修辞讲话》《语法讲义》。

[5] 顾铁符（1908—1990），江苏无锡人。曾任故宫博物院工艺美
术史部副主任，中国考古学会理事，撰有《试论长沙汉墓保存
条件》《隋国·曾侯的奥秘》等论文，著有《楚国民族述略》等。

第四章

承先启新

第一节　完成家族重任——整理出版祖父、父亲遗作

1. 整理祖父的古籍版本目录学遗作

自1974年秋开始，我家在"文化大革命"中被查抄的书籍有一部分陆续退还，其中包括祖父的手稿。但我父亲已于1974年春逝世，因此，整理并出版祖父遗稿的责任就落在我身上。

我给祖父整理的几部稿子是很费劲的。因为手稿首先得抄成清稿，再交给出版社。但是他的记载都是零散的，抄成清稿很不容易。我整理的第一本书叫作《藏园群书经眼录》，就是祖父对他这辈子看过的所有书籍所作的笔记，包括祖父对书籍的比较和评价。如果要出书的话，必须要按四部编目排列，才能便于对照查找。我就把祖父手稿逐条抄录在稿纸上，用剪子剪成一份一份的，然后再按照四部编目的顺序重新贴起来，交给出版社出版。抄这份稿子我前后耗时五年，全书编为十九卷，118万字，经启功先生介绍，于1983年由中华书局出版。此书记载了自清末至中华人民共和国成立前五十年间先祖所见古籍善本的情况和他的鉴定意见，对研究版本目录学和近代古籍流传的情况有重要历史和学术价值。

由于整理出版了祖父的《藏园

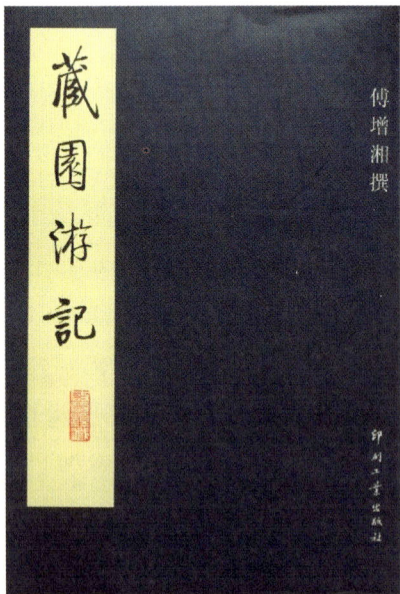
印刷工业出版社出版的《藏园游记》

左：中华书局出版的《藏园群书经眼录》、中：《藏园订补郘亭知见传本书目》、右：上海古籍出版社出版的《藏园群书题记》

群书经眼录》，我在 1983 年被李一氓[1] 同志主持的古籍整理出版规划领导小组吸收为组员，并参与了《古逸丛书三编》的编选工作。另外，自 1983 年起我还参加了文物局组织的全国书画鉴定组，负责鉴定全国各地博物馆的公藏书画。鉴定工作从 1983 年到 1989 年，在每年的春秋二季进行。鉴定组里面绝大部分专家都是 70 岁以上的老年人，顾及各位专家的身体健康，鉴定组每天只有上午半天工作，下午就不安排工作了。这样，我恰好可以利用每天下午的自由时间，整理祖父的遗著。

我整理得最为费力的一本书，就是祖父有一本随身携带并增补批注的书目，叫《郘亭知见传本书目》。《郘亭知见传本书目》（以下简称《郘亭书目》）乃是清朝末年莫友芝[2] 记录他平生观书的一个目录。我祖父有这么一个本子，随身带着，到外面书店去看书时，看到的书就要对比一下有没有记在这本目录上，如果没有的话，他回来以后就把这本书补记在上面。所以他在《郘亭书目》的上上下下又补了很多他看到的书，还简记了该书的版式、时代和他的鉴定意见，极大地丰富了《郘亭书目》的内容。这个书要出版就很费力了。我也是整个地

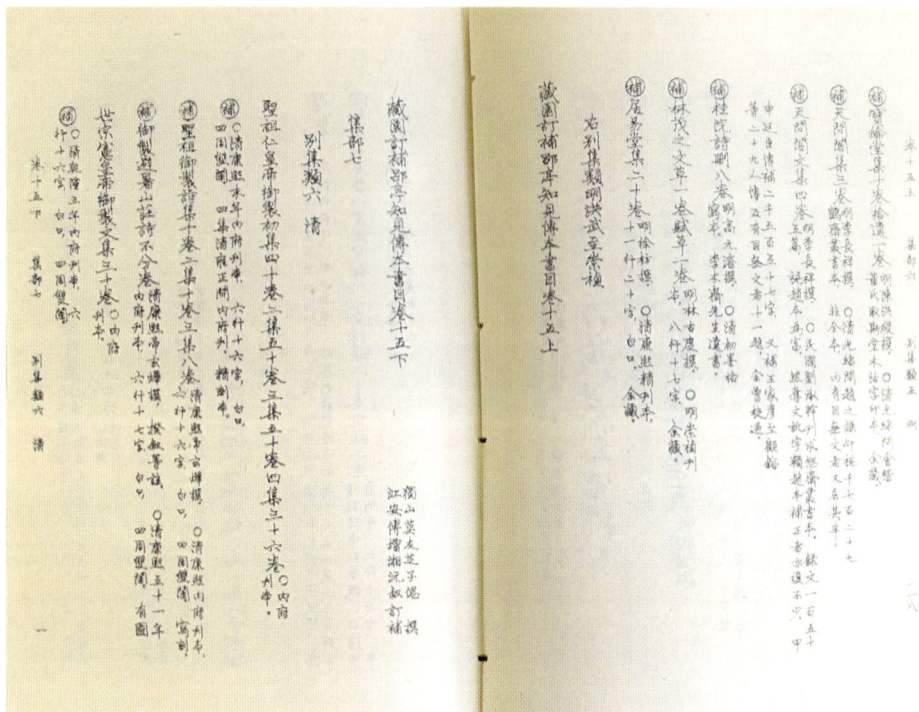

手写本的《藏园订补郘亭知见传本书目》

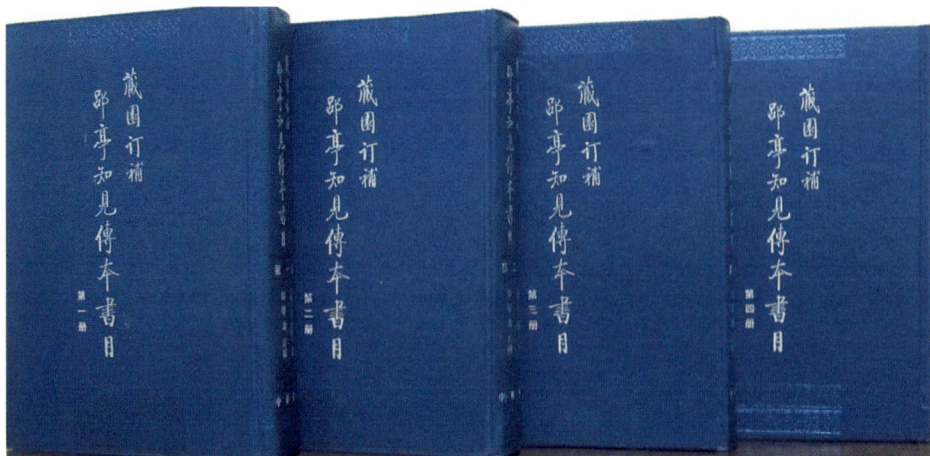

中华书局出版的《藏园订补郘亭知见传本书目》

把原书复印本排在那，再把抄补上来的这些东西又一条条地补进去。最后粘成一个大本子，才得成篇，但是出版社无法排版，于是我又花钱雇人工楷手抄，做成手抄清稿，交给中华书局影印，中华书局才给出版了。

这本书前面部分是《邵亭书目》原书的内容，后面补的是祖父补记进去的条目。我在整理时又把祖父其他稿本中的此类内容，特别是四库未收之书补入，结果后补入之部分超过莫氏原书两倍，基本包括了近百年来所存古籍和重要学术著作，是学者了解和检索传世古籍极为重要的一部工具书。

我一共整理出版了三批祖父著作。第一批出的书是《藏园群书经眼录》16本；第二批出的是《藏园订补邵亭知见传本书目》，于1993年出版；第三批出的是《藏园群书题记》。《藏园群书题记》所收是祖父对所见重要善本和所校古籍的跋语，他本人曾自编为初集、二集排印行世，其后的成稿又编为三集，但因为祖父晚年生病卧床，未能印行。因为他已经把稿子按照四库分类整理好并抄清，此书我在整理时不再分类，统一按传统目录学顺序分类统编后，于1989年由上海古籍出版社出版。

祖父一辈子喜游名山，也写有不少游记，我整理出了一本《藏园游记》，收录了祖父三十年来的游记33篇。除介绍景物外，游记记载的一些当时所见所闻，有些也颇具史料价值。比如说清朝末年他到庐山，记载了英国人开发牯岭的情况。这个记录对于了解庐山发展史是有一定作用的。1936年祖父曾赴绥远（现内蒙古部分地区）编纂《绥远通志稿》，他在那时游览了很多喇嘛庙，对当年的那些历史也有记述，关于藏传佛教、贵族建筑等都在书中有所提及。这些游记由我集中整理后，由启功先生出资，交印刷工业出版社于1995年出版。

从1983年至1989年的六年中，先后整理成《藏园群书题记》《藏园订补邵亭知见传本书目》《藏园游记》三书，约370万言。祖父的主要遗著已基本整理出版，我也通过整理遗稿，更加充实了自己在古籍版本目录学方面的学识。我整理祖父的书稿，首先是源自祖父对我做学问方面的激励培养，再有就是我对祖父的深厚感情。因为"文化大革命"的原因，我父亲不可能为祖父整理著作，所以这责任就只能落到我的头上了。我必须将祖父的稿子全部接手整理出来，这也相当于把他的学术成果流传下去。因为我年少时祖父亲手教过我古籍版本知识，我也帮祖父整理过书稿，给我打下一定基础，加之我后来主动到图书馆去看各种好书，我的版本目录学的知识系统才能建立起来，才能够完成整理出版祖父遗著的夙愿。

祖父晚年已深感私藏不如公藏更有利于保存文化遗产，除晚年将一生手校之书全部捐赠北京图书馆（现国家图书馆）外，又在临终遗命中将生平所藏最重要的古籍宋写本《洪范政鉴》、宋刊本《资治通鉴》捐赠给北京图书馆。祖父去世后，1953 年北京图书馆为办展览，征购家藏宋刊《水经注》、金刊《磻溪集》等宋、金刊本 7 种。至 1956 年又将祖父遗藏的主要宋、金、元刊善本珍品约 60 种全部征购归北京图书馆收藏。当时图书馆善本部主任赵万里先生曾向先父开玩笑，说："以后你们就不算藏书家了！"先父说："归入公藏，永久保存，正是家父遗愿！"此后残存先祖藏书中宋、金、元刊本只有少量可供参考的残册残页，却避免了遭遇"文化大革命"的损失。

画家蒋兆和为祖父所绘七十岁像

有鉴于此，在整理出版祖

捐赠国家图书馆的明刊本《太平广记》

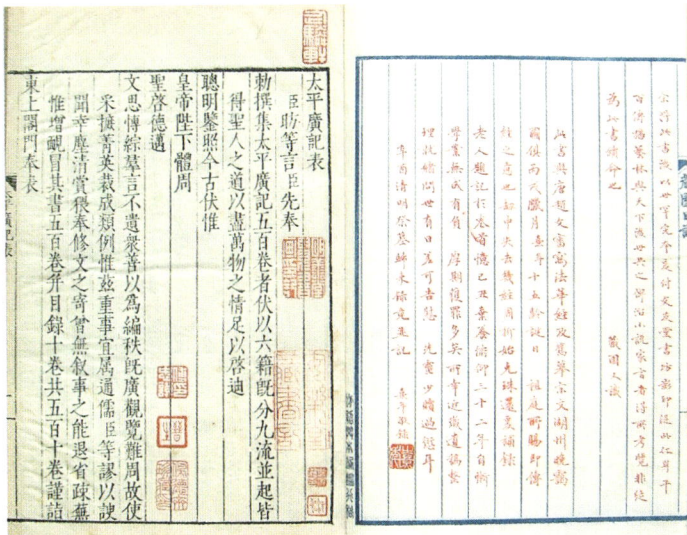

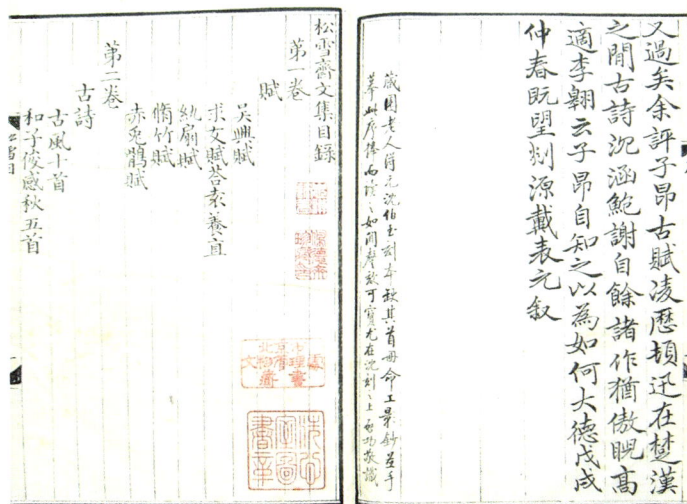

经先祖亲笔摹写补全的元本《松雪斋文集》（附启功先生跋）

父遗著完成后，我和弟妹傅焘年、傅万年、傅美年、傅燕年五人都认为应当仰体祖父遗愿，遂在通过法律程序解决家族纠纷后，于 2010 年 8 月中旬，将"文化大革命"后依法已归属于我们兄弟姐妹五人和我本人的祖父遗物、遗书，包括祖父手校书 13 种、稿本等 55 种和祖父赐我诵读的《四部丛刊》[3]共 4825 册，以及对祖父学术活动有纪念意义的文物 97 件都捐献给国家，与祖父和父亲在世时所捐诸善本书籍同归一处，共同永久保存于国家图书馆。至此，"文化大革命"后退还的祖父遗书凡归我兄妹保管者，都已入藏于国家图书馆永久保存。

我是为了整理祖父遗著才进行古籍版本目录学研究的，我自己的学术兴趣和主要研究方向在于古代建筑历史研究领域。因此，在完成整理出版祖父遗著的夙愿之后，我即不再继续关注古籍版本目录学的研究了。

2. 整理先父的中国古代玉器研究遗作

父亲喜欢玉器，更喜欢研究玉器，他参考国外博物馆所藏精品图录和自己收集的资料、实物研究玉器分类断代，对不同年代玉器的样式和纹饰雕法特征，都能了然于心。玉器一般都是小件，那时候零零碎碎买起来相对便宜，5 元、10 元钱就可以买一块，其真假连卖家也未必能清楚知道。但父亲根据自己掌握的古玉知识加以分类辨识，买来的大部分都是真品，收集到了一些颇有研究意义的稀有玉器。四十年间陆续积累了大量实物标本，本拟在 1965 年退休之后撰写有关玉器的研究专著，孰料 1966 年"文化大革命"开始，我家被抄家，扫地出门，父亲的玉器藏品及手稿、资料尽数被抄走，父亲研究玉器的文稿也被红卫兵当作"变天账"烧毁。一生心血化为劫灰，父亲终未能完成所愿，于 1974 年抱憾离世。1980 年落实政策，"文化大革命"中抄走的父亲收藏的部分玉器被发还。

为了让父亲收藏研究玉器的成果不致埋没，我向他的老友傅大卣[4]先生借来父亲当年在文物局文物干部训练班中主讲中国古代玉器鉴定时的油印讲义，以此为基础，进行整理。好在父亲整理藏品时曾多次和我讲过这些玉器的好坏和其中精品，我便依据此讲义的脉络，尽力回忆父亲就这些藏品曾对我进行过的讲解和评价，再参考中华人民共和国成立以来考古工作在这方面的收获和研究成果，利用业余时间整理父亲所遗古玉标本，据他的讲稿意见加以分类断代和评述，最终整理成篇。受图书篇幅限制，分编为两册，即《古玉精英》和《古玉掇英》。当时夏鼐[5]先生在看了实物和初稿之后说这个东西很重要，叫我赶快编书。编成以后，夏鼐先生将书稿介绍给香港中华书局，精装出版。这在当时是一本全面系统研究中国古代玉器的重要学术专著，代表了父亲的学术成就。《古玉精英》出版以后，我们兄弟姐妹即将书中所载的父亲藏品转让给故宫博物院，使我父亲一生精心收集的古

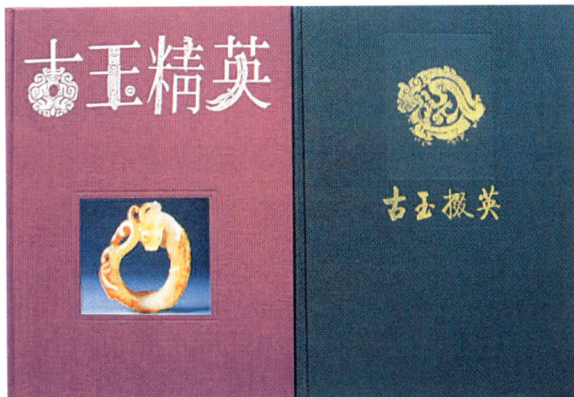

香港中华书局出版的《古玉精英》
《古玉掇英》

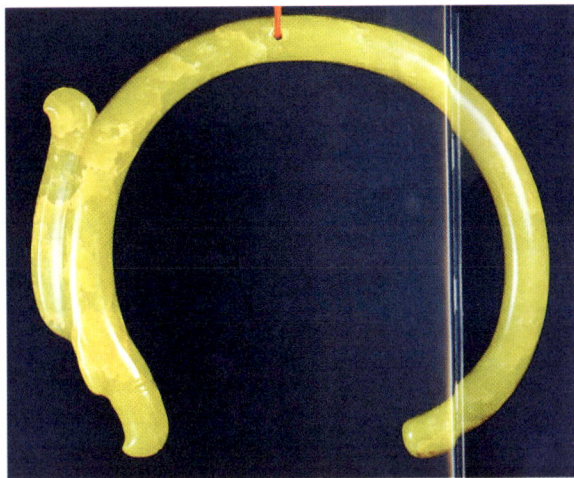

《古玉精英》中已入藏故宫博物院
之红山文化玉龙

玉精品能够归国家完整保存。1995年故宫出版馆藏玉器图录时，也收录了五十几件父亲旧藏的精品。

在1987年访美考察时，我也专门观赏了华盛顿弗利尔博物馆所藏洛阳金村出土的战国玉器精品、波士顿哈佛大学博物馆所藏温斯洛普氏捐赠之中国古代玉器精品和芝加哥菲尔德博物馆、旧金山亚洲艺

《古玉精英》中已入藏故宫博物院之唐代玉龙

《古玉精英》中已入藏故宫博物院之元代玉凤

术博物馆所藏中国近代仿古玉器，在这方面也很增长见识。

20世纪90年代，我又参加了拣选中国文物总店所藏玉器的工作。这批玉器都是50年代到"文化大革命"以前从待售的珠宝工艺品中筛选截留下来不准出口的古玉，当时是由我父亲和傅大卣先生、乔友声先生三人代表国家文物局进行鉴定检选的，避免了大量珍贵文物外流。但后来一直未做进一步整理分类。这批玉器中包含大量当时尚不为人所识的唐、宋、元玉器精品，我们从中拣选出了较重要的精品，由美术出版社出版了巨册图录，名为《中国古代玉器艺术研究》。这些玉器精品最后也都入藏于故宫博物院。

我本人对玉器没有太多的兴趣，进行这方面工作只为完成父亲未尽之事，给父亲的毕生心血一个交代。《古玉精英》和《古玉掇英》两本书出版之后，我在这方面即基本止步，未再主动进行更多的探讨和撰述。

第二节　专项研究之路

我的专业研究就是在梁思成先生、刘敦桢先生研究方法的基础上，继续进行建筑史研究，看还有没有什么能继续开拓发展的。

1.《北京古建筑》

20世纪80年代前期，我接受所内的任务，编了一本新的《北京古建筑》图录，于1984年出版。书中除介绍明清北京的历史和布局外，尽量表现北京诸古建筑的现状或新貌，在概说中还发表了从图书馆所藏外国介绍中国文化的图录中搜访到的18世纪以来的一些老照片，如1860年被英法联军焚毁的清漪园（今颐和园）前山废墟（现

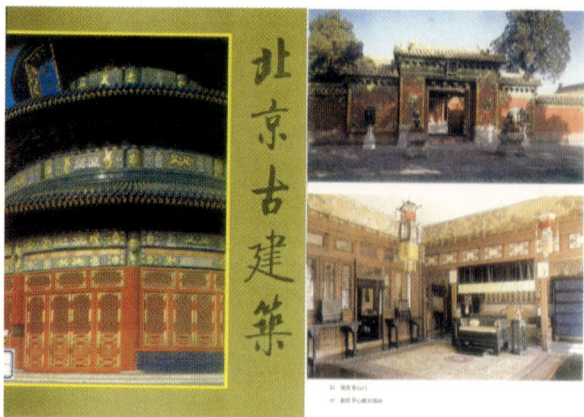

《北京古建筑》图册及附图

佛香阁处只余平台，原建之九重塔已不存，台下两重殿阁也不存，山上树木亦焚毁殆尽）、1889年被雷火焚毁以前的明嘉靖间创建的天坛祈年殿原貌等珍贵的历史照片，以反映北京古建筑的历史面貌。

　　其余时间主要整理和研究此期间调研和实地考察陆续收集到的资料，逐步撰成论文发表。其中有《战国中山王𰻝墓出土的兆域图及其所反映出的陵园规制》、《战国铜器上的建筑图像研究》、《陕西岐山凤雏西周建筑遗址初探》、《陕西扶风召陈西周建筑遗址初探》、《福建的几座宋代建筑及其与日本镰仓大佛样建筑关系》[6]、《山西省繁峙县岩山寺南殿金代壁画中所绘建筑的初步分析》、《静江府修筑城

被焚的颐和园前身清漪园残毁后面貌

1889 年被雷火焚毁以前的明嘉靖间创建的天坛祈年殿原貌

池图简析》、《元大都大内宫殿的复原研究》等近十篇论文，多为对遗址和图像的分析及文献考证等专项研究问题，大都属于近年新发现的史迹、史料。这些论文已先后收入《傅熹年建筑史论文集》和《傅熹年建筑史论文选》中。

2. 战国兆域图规划研究

河北省平山县中七汲村西发现的战国时期中山国一号墓，出土了一块金银错兆域图铜版，版面用金银镶错出一幅陵墓平面布置图，图中对陵园建筑的各个部分和相互距离均标注了尺寸，并附有一篇中山王的王命。这是关于战国时期陵墓的一个极其重要的发现，将此图与现场发掘资料对比，对于研究战国时期建筑形式有非常重要的参考意义。

兆域图在坟丘之外有两道陵墙，墙内为四边呈斜坡状的凸字形坟丘，丘顶中部横列一组三座方形陵墓，中间"王堂"即王墓，左边

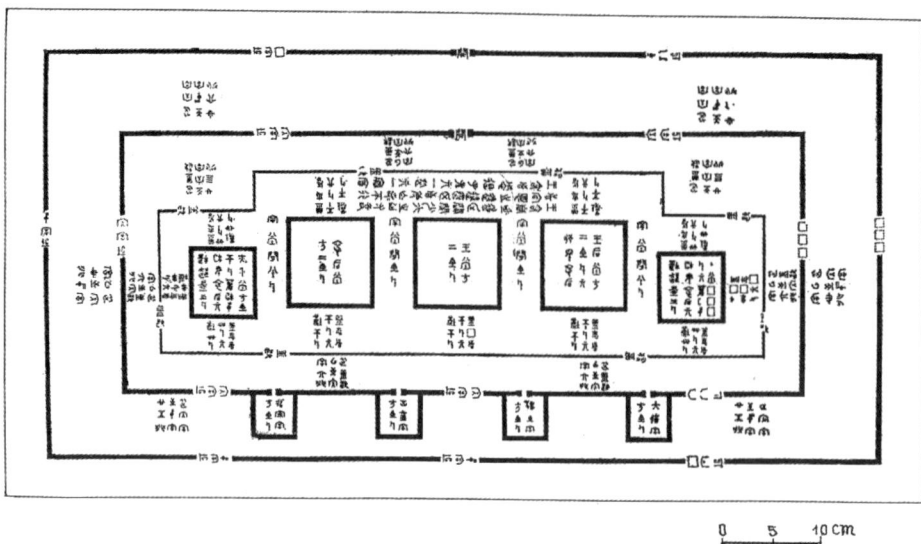

战国中山王𰀆墓出土兆域图的摹本一

"王后堂"，右边"哀后堂"，凸字形两翼各设一座较小的方形台陵墓，
左边"□堂"，右边"夫人堂"，是一座并列大小五墓的巨大陵园。
图中分别标注了尺寸，当中三座方200尺，两翼两座方150尺，其余
庭院墙垣等也均有标注，标注距离的度量单位有尺和步两种，规模尺
度相当巨大。现场发掘只有一号和二号两座大墓，分别对应于兆域图
所绘五座台榭中的王堂和哀后堂。因中山国为赵所灭，其余部分未能
建成，所以这幅兆域图实际上是一个未能完全实现的陵园总平面规划
图。兆域图的出土，证明战国时期建造大型建筑已经有了较为精密的
规划和设计，建筑群组布置有明确的中轴线和主从大小关系，也为了
解当时的制图水平提供了重要的实物资料。

战国时期盛行的建筑形式是台榭建筑，因为受当时木构架技术水
平限制，尚未能建造出唐宋以后那种巨大体量的木构架楼阁。为满足
彰显统治威权的要求，只得采取筑台建屋、层层堆叠的方法，才能建
成外观为多层楼阁的巨大体量。一号墓发掘现场的三层台阶式方形封
土高15米，其二层台阶上有回廊建筑遗址，回廊后壁即中心封土的

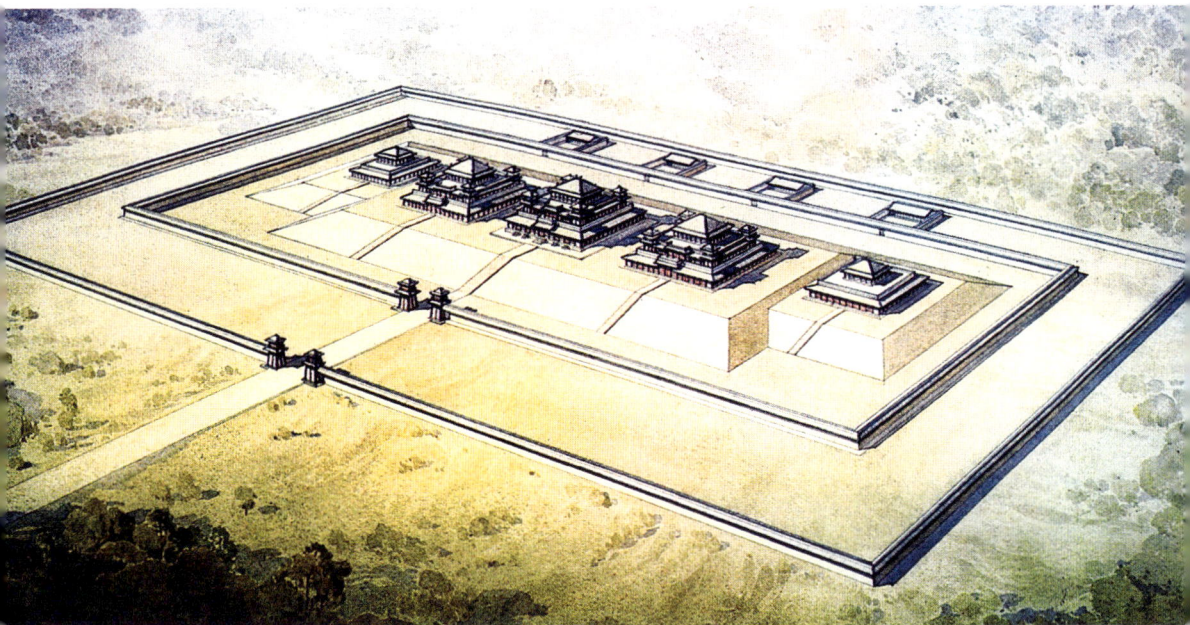

中山王嚳陵的复原图

台壁，与兆域图所绘坟丘之上的王堂对应，证明整个王堂包括回廊在内，是一座以土台为基的台榭建筑。在此基础上，我写了《战国中山王嚳墓出土的兆域图及其所反映出的陵园规划》这篇文章，发表于《考古学报》1980 年 1 期。

在研究中山王嚳陵兆域图的基础上，我对近年考古发现和博物馆藏战国铜器的建筑形象进行整理和排比，写了一篇《战国铜器上的建筑图像研究》，通过这些图像探寻其共同规律，并与近年考古发掘中了解到的建筑技术和构造特点相互参证，进而推求各类图像所表现的建筑物的具体形象和构造，对战国时期的各种建筑形式进行探讨。

3. 西周建筑遗址研究

1981 年、1982 年在陕西岐山凤雏发现西周早期的建筑遗址，我们历史所还参加了测绘。

　　凤雏遗址被考古学家认为是西周早期的宗庙遗址。此遗址是一座纵长形院落，在中轴线上前方建宽一间的大门，左右有门塾，各宽一间，与东西侧的廊庑相连。门前有夯土筑成的影壁。院内中部建宽五间的堂，后部建室，其间用穿廊连接，形成工字厅；东西廊庑左右各八间，与前端的门和后端的后室围合成纵长形院落。整座院落建在厚约130厘米的夯土基上，院内外房屋都建有斜坡散水，防止雨水浸屋基，并建有水沟把水排出院外。建筑为土木混合结构，墙为用壁柱加固的夯土墙，上承木构架屋顶。屋顶在木构架檩条上密排苇束，上抹白灰砂浆形成屋面，在屋脊及檐口上用少量瓦，这可能在当时技术条件下是很高档的做法了。这个遗址说明，中国四合院的出现，至少可提前到三千多年前的商末至西周了。我根据这个遗址结合当地一些民居的特色，最后把这个院落复原出来了，写了一个陕西（凤雏）西周遗址的文章。这篇文章是单独发表的。

　　同期在陕西扶风召陈又发现了一组西周大型宫室建筑群遗址，已

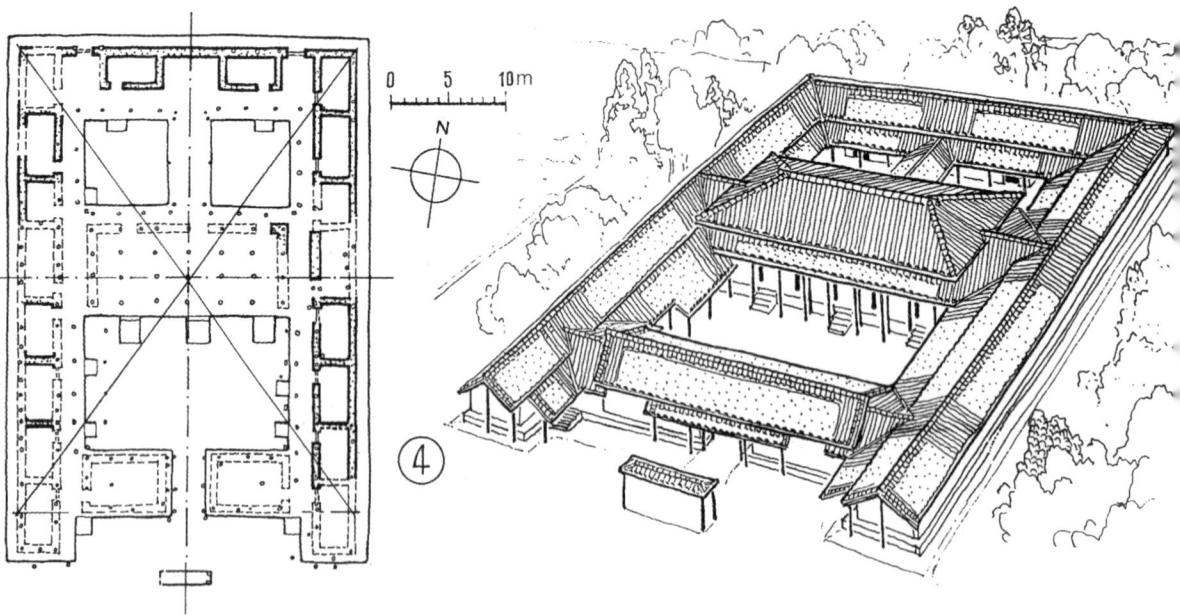

陕西岐山凤雏西周建筑遗址复原图

发现建筑基址 14 座，其中 12 座属中期以后，有 3 座面积较大，其中宽六间深五间者两座，宽七间深三间者一座。探讨其构造特点时，发现其构造大都是在夯土基上埋设立柱，在纵向柱列上架纵架，形成二重矩形框，在其上架斜梁，形成四坡顶构架，斜梁端聚合在中间，形成屋脊。其中 F3 遗址较特殊，其基址东西 24 米，分 6 间，南北 15 米，分 5 间，中部 2 间平面近方形，其内外柱中有 8 根柱子可连接形成圆形，故很可能其中部的上层形成圆顶。此建筑遗址面积巨大，达 280 平方米，竟与河北蓟县独乐寺辽代建筑观音阁的规模相当，构造也比较复杂，表明在西周已能建筑这样巨大的建筑。根据以上史料，我绘制了其木构架的复原图，尽可能反映出西周中期建筑所能达到的较高技术水平和较大的规模、尺度，据其规模应属于宫殿建筑或礼制建筑。这对我们较具体了解西周时建筑所能达到的规模和尺度有重要作用。

根据对召陈遗址中较集中的一些建筑基址的分析，可大致了解其布局情况，这是一处较大的宫室组合，可分为东中西三列。其中西部前后两座基址破坏太厉害，仅存边角，已无从考查其间是否南北相对形成轴线。中部房 5 在前，面阔八间，进深三间，四周加落地柱，构成覆阶回廊，形成宽十二间、深五间的下檐，与上檐形成重檐庑殿顶，是其中最巨大的建筑。其北相对为房 6，面阔七间。进深三间但因基址残损，其间有无相对准确的对应关系尚难确认。其东隔墙居中为房 3，是其中较重要建筑，从柱网看，可能为庑殿顶，也可能其上再加圆顶。

综合各遗址的情况，可以大体上归纳出当时建筑构造的情况。当时建筑的基址都用夯土筑成，从踏步的尺度看不能超过 70 厘米，即堂崇三尺的水平，春秋战国时盛行的高台榭建筑此时尚未出现。当时的柱基都是在夯土基上下挖柱坑，内用卵石和夯土筑成，其上立柱后四周夯实，有利于柱基防水。在房屋构架方面，由于其柱网布置都是在横向进深方面不对位，而在纵向面阔方向对位，则其构架只能在纵

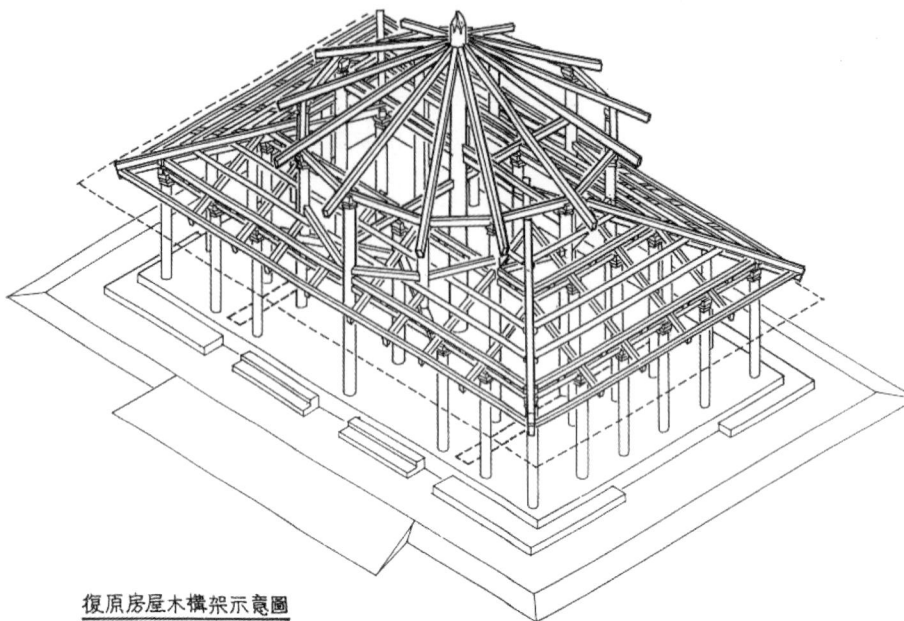

復原房屋木橫架示意圖

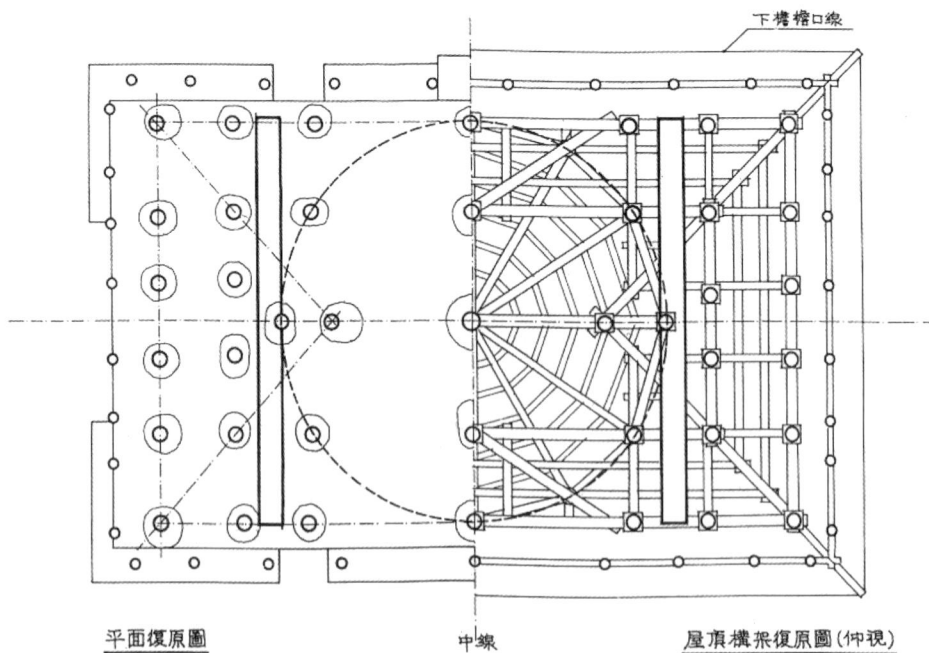

下層檐口線

平面復原圖　　　　　中線　　　　　屋頂橫架復原圖(仰視)

陝西扶風縣召陳村西周建築遺址 F₃遺址復原圖

陕西扶风召陈西周建筑遗址复原图

向柱列上架楣，用为主要承重构架，我们可称之为"纵架"。各排纵架自外向内逐渐抬高，至中间形成脊，其上密排芦苇束，形成屋面。这种情况表明它可能是在木构架形成之初的通常做法，在以后的汉代石刻乃至近代南方少数民族建筑中还有反映，属于木构架发展初期的普遍做法。此遗址对了解西周前中期建筑构造、做法和形制有重要作用。

对此，我写了《陕西岐山凤雏西周建筑遗址初探》和《陕西扶风召陈西周建筑遗址初探》初稿分别发表于《文物》1981年第1、3期。通过遗址情况探讨西周初宗庙和宫殿的形制和木构架构造，对凤雏遗址的总体布局、召陈遗址大型建筑的结构体系都进行了较细致的探索。

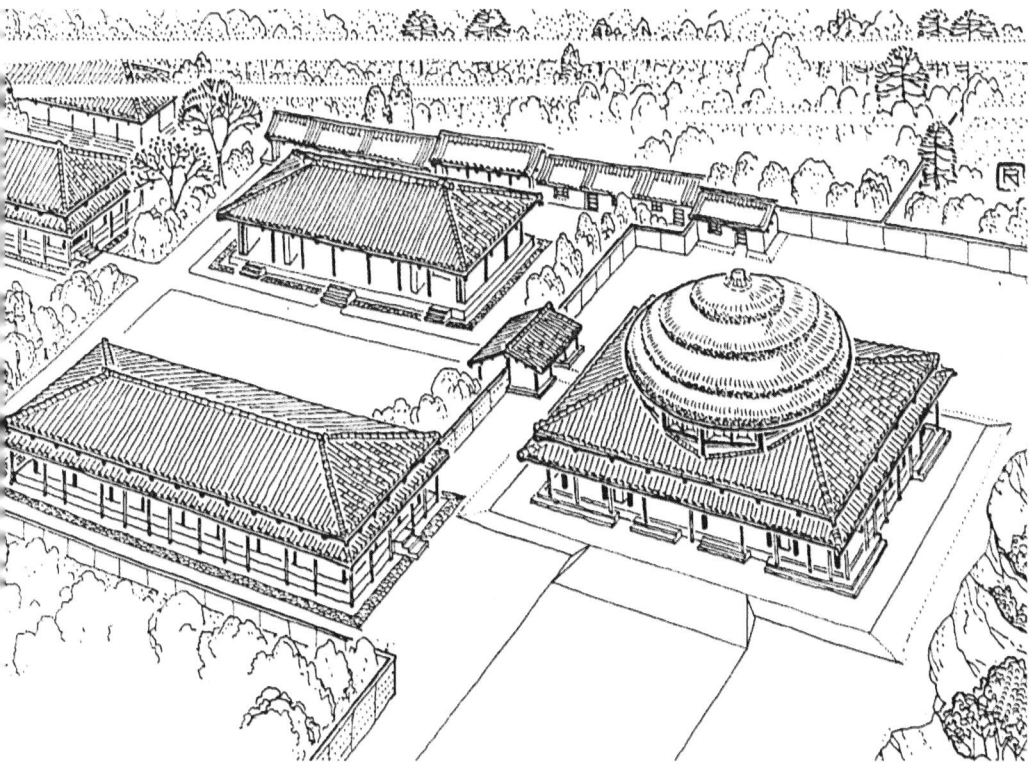

陕西扶风召陈西周建筑群遗址主要部分复原示意图

4. 岩山寺金代壁画研究

岩山寺位于山西省繁峙县城东，现存建筑中的南殿创建于金代，四壁尚存有金大定七年（1167）所绘壁画，内容均为佛教故事，界画精工。其中西壁主要绘一宫殿，有一处题记记录施主名单及画工王逵等题名。另据寺中金正隆三年（1158）水陆记碑碑阴题名，王逵为"御前承应画匠"，可知他在这以前相当一段时间是在金朝宫廷中服役，是曾见过金中都宫殿的。王逵画岩山寺壁画的时候，所画的宫殿形象应该受到了金中都宫殿形象影响，有可能反映了金代中都宫殿的一些特色。壁画中所画的宫殿中只有一座三间单檐庑殿顶的宫门。其内主殿、配殿也都是三间重檐歇山顶。宫外正门下面只开三座门，门外夹门的双阙为只有一个子阙的两出阙，登上主殿的台阶为左右侧阶，其规格明显低于金中都的皇家宫殿，当是限于寺庙壁画的体制，所画为王的宫殿体制而非皇帝的宫殿体制。但其建筑的形象、风格、装饰特点应是接近金代宫殿特点的。把西壁所画宫殿与史籍所载金中都和北宋汴梁宫殿比较，在南门建阙和朵楼，在主殿院南面开一正门二侧门，在东西廊各开一侧门，在前殿左右均建挟屋及前殿与后殿用穿廊相连形成工字殿、主殿用黄琉璃瓦等方面，都基本相同，反映了金和金所继承的北宋宫殿的面貌，这是此壁画的重要性所在。在图中所画宫殿正门城楼下有三门，但只开左右二门，中门封闭，表示它是皇帝出入的门，故皇帝不出入时即封闭，也反映出宫殿的特点。通过它可以大体上了解北宋后期和金代宫殿的面貌。但把工字形正殿的后殿画成巨大的楼阁则是较特殊之例。据金史世宗纪记载，大定七年（1167）曾拟在东宫凉楼前建殿，被大臣谏止，认为"不当与至尊宫室相侔"。可知在王逵作此壁画时，工字殿前殿后楼已是金代的宫殿规制了。这就给我们提供了一个了解金元宫殿的基本材料，基于这些，我又写了《山西省繁峙县岩山寺南殿金代壁画中所绘建筑的初步分析》考证了宋元宫殿的特点，并对宋、金、元三朝宫殿的布局进行探索，于 1982 年发表。

岩山寺金代壁画的摹本 1——宫城侧面全貌

岩山寺东壁南侧金代壁画的摹本 2——宫门外左右双阙及正殿与左右侧阶

1983 年，我的职称被提升为副研究员。建筑科学研究院的西郊部分成立中国建筑技术发展研究中心，中心内正式成立了建筑历史研究所，由程敬琪研究员任所长。在单位名称从室提升为所后，人员和工作任务方面都有所拓展。

第三节　和大师共事书画鉴定

1. 最年轻的专家

"文化大革命"结束后，国家文物局建议恢复书画鉴定工作，成立全国书画鉴定小组，得到了相关领导的大力支持。由于我以前看过较多

1983 年全国书画鉴定小组第一次会议合影

（第一排左起：谢辰生、杨伯达、徐邦达、启功、谢稚柳、杨仁恺、刘九庵、傅熹年）

全国书画鉴定小组进行工作的情况

与徐邦达先生鉴定书画

书画，又有在这方面的研究论文发表，在启功先生、徐邦达先生和谢辰生先生推荐下，我参加了全国书画鉴定小组的工作。

鉴定工作每年进行两次，上半年三个月，下半年三个月，每天只用半日进行鉴定，这样既给博物馆以准备的时间，也使大多数老年专家不致过劳。鉴定组中

与启功先生鉴定书画

共七人，除我之外，其余六位都是七十岁上下的老专家，我对他们都是很尊重的，但是出于对鉴定工作负责任的态度，遇到不同看法时，我也只得坦率地发表自己的意见，只要言之有据，大家都能认真听取各自不同看法，有时对一件书画作品的看法实在无法统一，则各自写上个人意见。

后来因为讨论争辩实在太过影响工作进度，鉴定组提出了一个解决办法，就是将鉴定过的书画分成三档。第一，凡是认为是真品的都用文字记录下来，编入《中国古代书画目录》发表；第二，对编入目录作品中有代表性的佳品，拍成黑白照片，编为《中国古代书画图目》发表；第三，将其中最好的精品拍成彩色照片，日后准备出版大型图录。对于编入目录的书画作品，个人如果有不同意见的，不再争论，直

接在目录中该作品条目后边加以附注，如注"××云伪"，即代表该专家鉴定此件为伪作，未加注的专家则认为它是真品，分别注明各自鉴定结论，由个人自负其责。这样一来，鉴定工作的推进就比较顺利了。

自1983年至1989年止，在七年时间里全国书画鉴定小组鉴定了大量全国公藏的古代书画。1986年后，徐邦达先生身体不能适应长期在外工作，已基本上不来参加鉴定活动。启功先生因其他任务较多，每次也大都不能全程参加鉴定，故此刘九庵[7]先生和我只能担起更多责任，对很多藏品无私无畏地签署了不同意见。在此期间，我

元人为张士信画《百尺梧桐轩图》卷

利用鉴定组工作只用半天的机会，在下半天空余时间里专门整理我祖父的遗著，故很少撰写书画鉴定方面的论文。

2. 不谈建筑也可以考证书画

鉴定工作中还有一个插曲，别人告诉我说有人对我有意见，认为我是古建筑专业的，只能鉴定画有建筑内容的绘画。后来我在上海博物馆看画期间，对上海博物馆藏最有名的元画《百尺梧桐轩图》进行了研究。这张画里面确实画有建筑物，题款是赵孟頫。我研究了这张

画后面的大量名家题跋，考证出这张画是元朝末年张士诚占据苏州之时，某画家画给张士诚的弟弟张士信的，画后题跋也均是为张士信而作，此画绝非赵孟頫作品，题款乃后人伪造。我就写了一篇《元人绘百尺梧桐轩图研究》，对画中建筑物只字不提，仅依据对题跋内所引典故的考证进行论断，亦可准确判断作品的时代地点和画之主人公。论文发表后得到同行认可，这样我就算是答复了那位先生对我的质疑，证明了我即使不谈建筑也可以考证古画。

在20世纪80年代中期，《中国美术全集》编辑出版《绘画编》，其中《两宋绘画1、2》和《元代绘画》三编由我担任主编。承担此项工作，除要较准确地选定编入的作品外，我还要为每编撰写介绍文字，共写了"北宋、辽、金绘画艺术""南宋时期的绘画艺术""元代的绘画艺术"3篇，每篇都在3万字以上，结合全集中所选绘画作品，介绍各时期绘画艺术的特点和水平，包括画作之类型，如人物、山水、花卉、宗教等，也包括画派、著名画家等。其中也收入少量在美考察所见绘画，主要是北方金、元时期的作品，如旧题董源作《平林霁色图卷》和金人画《归去来图卷》等，以补国内藏品之缺。这项工作任务实际上也促使我对宋、辽、金、元四朝绘画的发展进程、朝代和地域差异等结合现存各时期绘画作品作进一步的分析研究，对我在这方面提高业务水平也大有助益。此三编已于20世纪80年代后期由文物出版社出版。

在书画鉴定小组工作的九年中，我共记了32册笔记，记载所过目的古书画的简要内容，包括作品的真伪、精粗、保存情况等，并附以本人的意见，其中包括当时一些有初步想法但未作为个人意见提出的内容等。近年承李经国先生好意，代我下载为正式文本，并与已正式出版的《中国古代书画目录》核对排序，校改误字误记之处，定名为《傅熹年全国书画鉴定小组工作笔记》，准备出版。

在全国书画鉴定组工作结束后，受全组委托，刘九庵先生和我又承担了对鉴定组已定为精品的绘画进行遴选的工作，选出作品编为《中国美术分类全集》中的《中国古代绘画全集》，这样，全国书画鉴定小组所拟出版的成果，包括记录此次鉴定全部过目书画名称的《中国古代书画目录》、包括有代表性的佳品的附有黑白图片的《中国古代书画图目》和属于精品附以彩图的《中国古代绘画全集》，就全部出版了。

3. 走出国门做书画鉴定

1987 年秋，美国华美协进社曾拟安排王世襄先生赴美考察，但王先生慨然把这机会让给我，使我得以赴美国考察建筑及各博物馆、图书馆所藏中国文物、书画、古籍。我于 1987 年 10 月 16 日出发，至 1988 年 2 月 1 日返国，历时近三个半月。在此期间，经华美协进社社长翁万戈[8]先生精心安排，访问了 10 个城市，观赏了纽约大都会博物馆、普林斯顿大学艺术博物馆、纽黑文耶鲁大学耶鲁画廊、华盛顿弗利尔博物馆、华盛顿塞克勒美术馆、波士顿美术馆、哈佛大学塞克勒美术馆、克利夫兰博物馆、堪萨斯城奈尔逊阿金斯博物馆、旧金山亚洲艺术博物馆等著名博物馆，看了各馆所藏的中国古代书画和王季迁[9]先生、翁万戈先生所藏中国古代书画精品，得以目睹大量以前只见于图书著录和图录上的名作，可谓大开眼界，大长见识。

我参观时详记笔记，归后整理成《旅美读画录》一稿，简记此行所见，并附本人的鉴定意见。又对有特别体会的部分绘画进行考证，另撰论文，以《访美所见中国古代名画札记》之名发表。该文主要内容包括把纽约大都会博物馆藏董其昌题为北宋王诜所作《西塞渔社图》考定为南宋李结的别墅图；在华盛顿弗利尔博物馆所藏大量明人画中发现了相当于国宝级的南宋宫廷画家夏圭所作上有宋理宗题字的《洞庭秋月图》

美国华盛顿弗利尔博物馆所藏
夏圭《洞庭秋月图》

真迹巨轴；把奈尔逊阿金斯博物馆所藏原题为南宋赵逵《泸南平夷图》考定为元人所绘某一弃南宋投奔元朝的官员的事迹图，且其中画有元大都宫城崇天门和其南的皇城正门棂星门的形象；正门五门，左右斜廊通角楼，南折为双阙，均为一母阙二子阙的皇家体制，只是限于篇幅，把门上正殿由十二间简化为五间并省去皇城与宫城间的桥梁。

此外把奈尔逊阿金斯博物馆藏旧题孙知微《江山行旅图》、克利夫兰博物馆藏宋人《溪山无尽图》、宋人《归去来图》、波士顿美术

奈尔逊阿金斯博物馆所藏《泸南平夷图》中所画元大都宫城崇天门和其南的皇城正门棂星门的形象

馆所藏旧题董源作《平林霁色图》等考定为金元时期北方的作品，为绘画史研究增添了新的例证；又把波士顿美术馆所藏原定为元人之《归去来图》确定为南宋宫廷中绘画；这些研究成果大都得到馆方的认可。在芝加哥菲尔德博物馆除看其玉器外，还在无意中发现藏有南宋游似旧藏的宋拓本兰亭，也是馆方以前所未曾注意到的宋拓精品。我到各博物馆去看藏品，看到了很多好的东西，也看到了一些假东西。我都毫不隐瞒地将我的意见告诉了馆方。

金人画《平林霁色图》

第四节　开启建筑史综合研究

　　1987 年，我的职称升为研究员。1988 年被推选为第七届全国政协委员，并延续至第八、九届。

在 1983—1989 年七年间，因为参加全国书画鉴定组的工作，我用于研究建筑史的时间不得不减半。在书画鉴定组工作结束以后，我基本上没有在书画鉴定方面再作进一步的研究，因为我想把全部精力放在建筑史研究之上，抓紧时间努力进行新的研究工作。

我此时开始更多地考虑建筑史研究的发展进程和自己以后的重点

努力方向问题。我开始认识到在积累了一定的专项材料后，应开始从更广的、综合性的方面去进行探索，例如形成中国古代建筑突出特点的单体建筑设计、群组布局和城市规划问题、中国古代建筑的特点和形成的原因等问题。

我从宋《营造法式》、清《工部工程做法》对当时建筑制度所做的严密规定推测，古代在更大范围的建筑群和城市布局方面也必然有一套方法和规律，才能形成规划严整、布置有序的特点。但文献缺乏，我只能从实例入手进行探索。

在这个设想之前，大约 20 世纪 80 年代后期，我开始研究古代建筑的设计问题，特别是古代建筑的规划设计。北京故宫有很精确的实测图，是 20 世纪 40 年代初朱启钤先生为防日寇战败后破坏北平（今北京）古迹以泄愤而请张镈[10]总建筑师在极困难条件下组织天津工商学院建筑系学生精测的实测图。我们所里有这批图，故我可以利用这些图从北京开始进行探索。我在这批图上就发现故宫有些建筑之间有个模数关系，比如有的院子大，有的院子小，但其间有倍数关系，哪个是哪个的几倍。进一步在紫禁城实测图上探索，又发现紫禁城内各主要宫殿以内廷的主建筑群"后两宫"的面积为模数，明初的天坛以大祀殿下土台为面积模数，社稷坛以拜殿、祭殿的面积之和为模数。这表明在有特殊意义的重要大型建筑群布局中，往往以其主建筑群为面积模数。

后来我就考虑北京城到底是怎么规划的。那时候我们单位有很大的一张北京城的实测图，依据这张图，整个北京城的具体尺寸就基本可以知道。在那个图上摊开了量，我就发现北京城的东西宽是紫禁城东西宽的 9 倍，在南北深度上，北京城的南北之深是紫禁城南北深的 5.5 倍。9×5.5 即 49.5 倍，整体是这么一个关系。查文献后发现《周易》中有"大衍之数五十，其用四十有九"[11]的说法。从图上说，横宽是这样的。但北京还缺一个西北角，在那里有个太平湖是歪着的，扣去那个角正好就是四十九，这就证明了北京市的规划关系是以

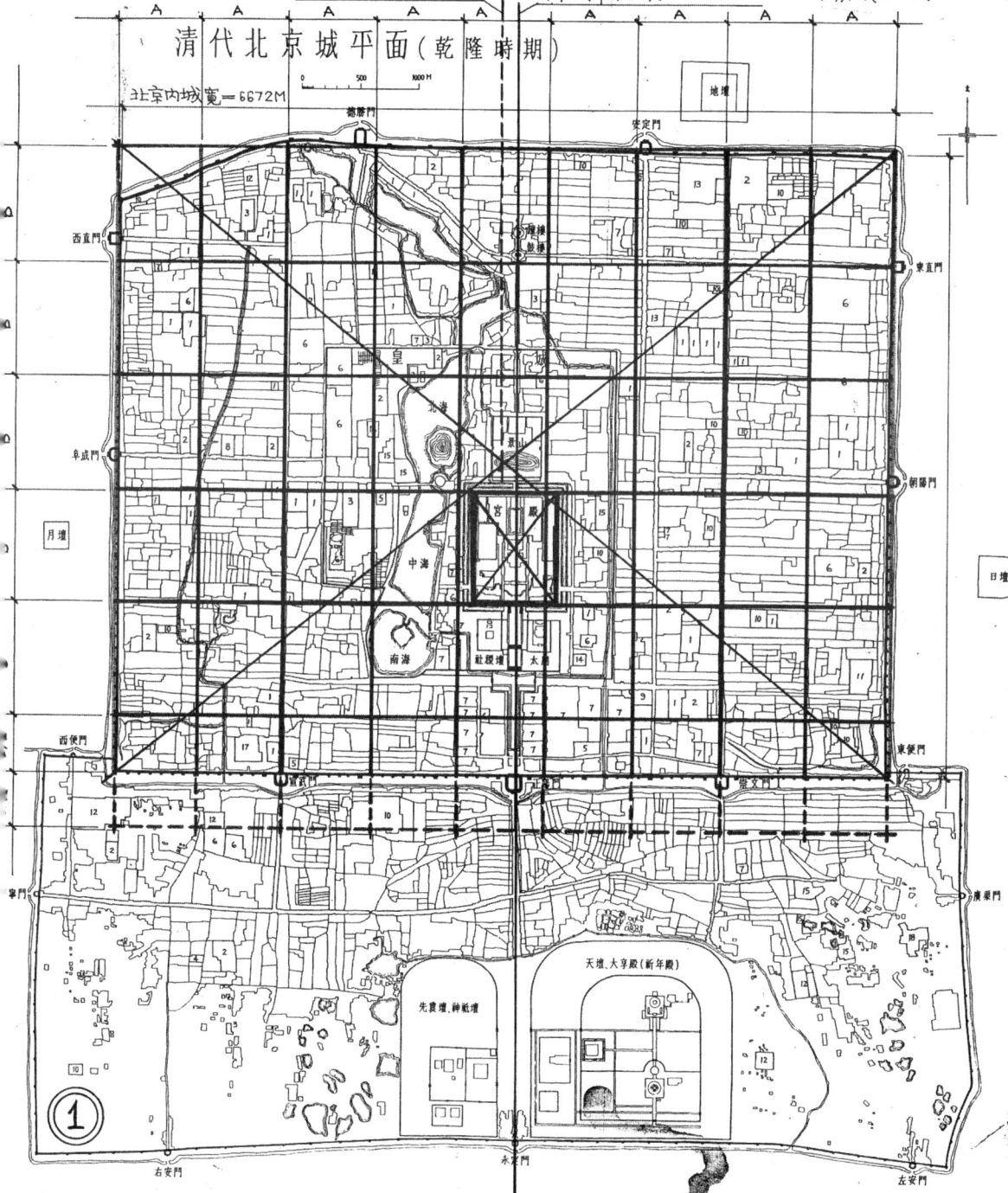

清代北京城平面(乾隆時期)

北京內城寬=6672M

地壇

德勝門　　安定門

皇城

景山

宮城

北海

中海

社稷壇　太廟

南海

西直門
阜成門
月壇
西便門
廣寧門
右安門

東直門
朝陽門
日壇
東便門
廣渠門
左安門

宣武門　正陽門　崇文門

先農壇、神祇壇

天壇、大享殿(新年殿)

永定門

①

明北京城以紫禁城為面積模數分析圖

紫禁城为面积模数的。1987 年秋访问美国时，我在宾夕法尼亚大学艺术史系等四五个学术单位搞建筑研讨会的时候就把这个材料介绍了一下，并译为英文收入此次研讨会的论文集中发表。他们很惊讶，很赞赏，原来中国规划上还有这么多复杂的东西。纽约大都会博物馆还支持我的工作，给了我一张 1944 年由美国的陈纳德飞虎队在北京上空拍的北京航拍照片，这个太重要了，因为 1944 年北京各重要建筑还基本是完整的，是极重要的史料。拿那个照片去量故宫与北京城的关系，同实测图上完全一样，而且甚至大约有四五条街道跟划的南北九格重合，证明当时肯定是考虑到这个问题才这么划的，这对进一步探讨明代北京城的规划手法及其与元大都的关系有极大的作用。在美国我就谈了这个问题。他们都觉得这个东西非常好，希望能赶紧把它弄出来。所以我回国以后，参考这些资料，利用较准确的、附有数据的研究探索了明清时在城市规划和大型建筑布局方面的一些手法规律，写成论文初稿并附以分析图。大约是 1991 年、1992 年发表的《关于明代宫殿坛庙等大建筑群总体规划手法的初步探讨》，讲的是北京市的规划问题。这在当时算是研究中国城市规划方面比较重要的发现，其他城市没有丰富的材料，没有古图，也没有现在的照片，但是我发现的这个北京规划是有航拍照片为证的。

注释

[1]　李一氓（1903—1990），四川省彭州市人。曾任国务院古籍整理出版组组长。

[2]　莫友芝（1811—1871），字子偲，自号郘亭，又号紫泉、眲叟，贵州独山人。晚清金石学家、目录版本学家、书法家，宋诗派重要成员。家世传业，通文字训诂之学，与遵义郑珍并称"西南巨儒"。莫友芝著述甚多，著有《宋元旧本书经眼录》及附录、《知见传本书目》、《恃静斋藏纪要》。

[3]　《四部丛刊》是中国的经典文学著作。所谓"四部"，即按中国的传统分类法，将所有的书分成"经史子集"四大门类，"丛刊"即今天通常所说的丛书。《四部丛刊》是一部集中各方面必读书、必备书的小型《四库全书》。从1922年起，到抗战爆发为止，由上海商务印书馆编辑，共出了初编、续编、三编，实共502种，分装成3100多册。

[4]　傅大卣（1917—1994），河北三河县人，曾任国家文物鉴定委员会委员、国家文物局流通文物专家组成员、中国历史博物馆文物鉴定顾问、故宫博物院文物鉴定顾问等。

[5]　夏鼐（1910—1985），字作铭，浙江温州人，考古学家、埃及学家，新中国考古工作的主要指导者和组织者，中国现代考古学的奠基人之一。著作有《考古学和科技史》《中国文明的起源》《考古学论文集》《夏鼐文集》等。

[6]　刘敦桢和傅熹年等著名学者关于日本建筑与中国历史的关系的重要论述要么被列在"建筑历史与理论"下的"各代建筑历史"之内，要么被列于"各地建筑历史综述"之内。这不仅反映出编者在当时所囿于的中国视野，也说明尽管已经有中国学者自觉地将视野扩展到亚洲，但这一努力尚未得到学

界的充分重视。亚洲视野下的中国建筑研究不仅关系到理解中国建筑的过去，而且关系到它发展的未来。……日本学者出于对日本文化之源的探寻而对中国建筑研究，这同时也是有关中国对日本建筑之影响的研究。中国学者在这方面的研究有傅熹年《福建的几座宋代建筑及其与日本镰仓"大佛样"建筑的关系》。

参见：赖德霖. 中国近代思想史与建筑史学史 [M]. 北京：中国建筑工业出版社，2016：256.

[7] 刘九庵（1915—1999），河北冀县人。古书画鉴定家。历任国家历史文物咨议委员会委员、国家文物局文物鉴定委员会常务委员，我国文物博物馆界首批获得国务院特殊津贴的专家之一。著有《中国古代书画图目》《中国古代书画目录》。

[8] 翁万戈（1918—2020），翁同龢的五世孙，美国的华人社会活动家，中国书画收藏家。曾校订《翁同龢日记》。

[9] 王季迁（1906—2003），又名季铨，字选青，别署王迁、己千、王千、纪千，苏州人，东吴大学毕业。知名收藏家、画家、鉴赏家及学者。

[10] 张镈（1911—1999），山东无棣人，建筑学家，一级工程师，北京建筑设计院总工程师兼学术委员会副主任委员。

参见：杨永生口述，李鸽，王莉慧整理. 缅述 [M]. 北京：中国建筑工业出版社，2016：122.

[11]《易·系辞上》："大衍之数五十，其用四十有九。"因以"衍数"指五十。

第|五|章

成一家言

进入 20 世纪 90 年代后，中国建筑技术发展研究中心改为中国建筑技术研究院，建筑历史研究所也得到更大的发展，程敬琪同志、陈同滨同志等相继担任研究所所长，在院、所领导的关心下，历史研究所的工作有更大发展，我也得到更多的工作机会。

1994 年 6 月，中国工程院成立，我被选为首批院士，在土木水利建筑学部。1995 年参加中国工程院道德委员会工作，1998 年 6 月被选为工程院主席团成员。

第一节 《中国古代建筑史》

20 世纪 80 年代末时有人提出，当年由刘敦桢先生主编的《中国古代建筑史》，由于时代影响和篇幅限制，未能按照刘先生最初意图全面展开论述，现在有更好的条件，应当再组织人手，重新编纂一本更为详尽的中国古代建筑史。后来，由自然科学基金会和建设部科技司全力支持，决定编写一部五卷本的《中国古代建筑史》。中国建筑技术研究院建筑历史研究所承担了其中第二卷和第五卷的编写任务，分配给我的任务是第二卷"三国两晋南北朝到隋唐五代建筑史"，第五卷清代建筑史是由我的同学、建筑历史研究所的孙大章副所长任主编。其他三卷的主编分别是：第一卷原始社会至秦汉建筑史，东南大学的刘叙杰教授[1]主编；第三卷宋代建筑史，清华大学建筑系的郭黛姮[2]教授主编；第四卷元代和明代建筑史，东南大学的潘谷西教授主编。和我一起参加编写第二卷工作的，还有钟晓青[3]、张铁宁等三四个年轻人。我主要负责撰写和复原研究工作；钟晓青负责第二、三章中的佛教建筑及建筑装饰部分；张铁宁负责承担大部分制图工作，也参加了渤海国宫殿的研究工作；此外还请屠舜耕[4]研究员撰写了吐蕃和南诏建筑部分。

第二卷《三国两晋南北朝隋唐五代建筑史》，涉及时间是自 204 年曹操攻占邺城起，到 960 年五代结束止，共计 740 年的建筑历史。这中间只西晋初期有 23 年（281—304）、隋唐时期有 317 年（589—906）的时间处于全国统一状态，共计 340 年，其余的 416 年时间均处于分裂时期。

整卷按大时代划分为三国、两晋南北朝、隋唐五代三章，开始于古代建筑第一个高峰期之末的东汉三国，中间经历南北分裂的南北朝，至隋唐时再次统一，建立强盛的新王朝，形成中国建筑发展的第二个高峰。这期间的建筑形式，从以土木混合结构为主、风格雄强端严的汉式，经过南北朝时期的过渡，发展到以全木构建筑为主、风格遒劲豪放的唐式，是中国古代建筑的重要发展演变时期。从大轮廓来说，因五胡乱华造成了南北分裂，汉族政权被迫南迁，客观加速了南方地区的开发和政治、经济、技术的发展，形成了在建筑上南方比北方先进的局面，在群组布局和木结构建筑上都有新发展；到南北重新统一后，较先进的南方政治、经济、技术包括建筑逐渐向北方传播，形成了隋唐时代的高潮。强盛的唐王朝建立了统领全国的工官机构，加强了对公私建筑工程的管理，逐步制定和完善了控制全境的官定建筑等级制度，巩固并促进了建筑的新发展。

唐代建筑留存至今的只有四座木建筑和若干砖石塔。在四座木建筑中，以建于 782 年的山西五台南禅寺大殿和建于 857 年的五台佛光寺大殿较为重要，虽然只能反映唐代建筑的中下规模和一般水平，远不能和长安名寺相比肩，但仍然可以看出当时木建筑已经采用了模数制的设计方法，用料尺度规格化，结构构件也顺应其特点加以适当的艺术处理，达到了建筑艺术与技术的统一，证明木构建筑在唐代已经达到完善成熟的地步。五代时重要的有平遥镇国寺大殿、福州华林寺大殿两座木构建筑。唐代砖石塔有楼阁型和密檐型两种，西安慈恩寺大雁塔是楼阁型塔，西安荐福寺小雁塔是密檐型塔。限于遗存的实物稀少，在撰写过程中，不得不大量引用考古资料、图像史料、文献史料、外域资料和复原研究，作为辅助材料，以尽可能勾画出有一定依据的轮廓，并探讨其间的发展演进进程和政治、经济、文化、技术对其发展的影响。

第一是利用考古发掘材料。除城市勘探遗址外，近年对汉唐宫殿及重要建筑的发掘工作，如汉未央宫、辟雍的发掘可以大体了解其土木混合结构的发展情况，对唐麟德殿等遗址的发掘与现存唐代建筑结合研究了解建筑形制和发展进程。对隋唐洛阳城和黑龙江宁安渤海国上京城遗址的分析，可知在隋唐时期，都城的规划已有使用宫城之长、宽或面积为都城规划设计的长度模数和面积模数的做法；形成以宫殿代表家族皇权、以都城代表国家政权的"化家为国"的规划思想。

第二是利用形象资料。现存明器、画像石、壁画、石窟雕刻、陵墓壁画等基本能反映出各该时代建筑的主要风格和特点，据此可归纳出其发展演变进程，包括不同性质建筑群的特点和差异，有的还能表现出细部做法。如大同云冈12窟前廊屋形龛、2窟和39窟的中心塔柱，敦煌莫高窟148窟和172窟大型佛寺壁画，大足北山第245窟石雕佛寺等所表现的都是完整的大型佛寺，对其形式、构造、装饰都有很完整的反映，关于房屋构架自汉至唐的发展演变过程基本上就是利用这方面材料进行排比后归纳出来的。在壁画中有大量不同建筑类型如官署、邸宅、园林、集市、宗教建筑等，可用作参考材料，补充实物不足的缺点。

第三是利用文献资料。古代记录建筑的文献史料颇多，但要与相近的遗物、图像相印证才可使用。如三国时期城市可利用《三都赋》[5]，北魏时期可利用《水经注》，对佛教建筑的发展可利用《洛阳伽蓝记》[6]、《法苑珠林》[7]等，但其所载是否完整准确，如有其他史籍互证，则可增加其可信度。

第四是利用外域材料。通过对唐代晚期建筑佛光寺大殿、南禅寺大殿的分析研究，发现木构建筑在设计中以材高（即栱高）为模数，以下层柱高为断面及立面为扩大模数，利用材分制设计木构建筑的特点在唐代已很成熟。但在日本的早期古建筑，约在隋末唐初的飞鸟时期建筑中已有这种做法。在隋唐时期中国与日本已有很多的联系，这应是受当时中国建筑影响的反映，由此可以推知中国在木结构方面的上述特点至迟在隋唐之际已形成。

第五是复原研究。此期重要建筑已全部毁灭，现存唐代建筑中最大的属五台山佛光寺大殿，但它只是当时五台山中一座普通中型建筑，远不能和当时长安洛阳的巨刹相比，与当时宫殿等有更为巨大的差异，实不能反映唐代建筑的最高水平，这方面只能通过复原研究来补充。在使用复原材料时分为二级：凡有遗址存在并有文献记载可参证的称复原图，无遗址而有较多文献记载的称示意图。前者如曹魏邺城、北魏洛阳、隋唐长安、隋唐洛阳、唐长安大明宫等已发掘之宫殿等。复原图虽有遗址的位置、规模为依据，但具体形象构造仍有一定想象在内，见仁见智，只求其接近原貌，用为说明该时代建筑的风貌、构造的辅助资料，也不可能完全准确。示意图主要反映那些历史上极为重要、无法回避而其遗址迄今未勘探发掘或已毁灭不存，只能据文献记载探讨其大致轮廓者。如东晋南朝建康城及宫殿、曹魏北魏洛阳宫殿、唐长安太极宫及洛阳宫等，都承前启后关乎一代制度，而遗址全无具体资料，只能据文献记载对其原状进行探讨。又如隋牛弘明堂、唐永徽明堂、唐总章明堂和武则天时明堂等遗址不明，只能据文献记载推测，故只能称示意图，作为说明该时代建筑发展概貌、设计水平的参考资料。

五个方面的材料互相补充，并结合少数实例，基本可以描绘出有一定依据的这个时期建筑史的轮廓。

从1988年底到1993年，经过历时五年的努力，全部文稿完成。全书图文

《中国古代建筑史》第二卷

篇幅近146万字。2001年五卷统一由中国建筑工业出版社出版，还获得了中国建筑设计研究院科技进步特等奖。五卷本出齐后，大家反映较好，认为是一个更详细的，资料更丰富的建筑通史。[8]

第二节 对城市和建筑运用模数进行规划设计的研究

1. 静江府修筑城池图研究

通过对桂林宋代石刻《静江府修筑城池图》的研究，撰成论文《静江府修筑城池图简析》，于1992年发表于《建筑历史研究》。《静江府修筑城池图》刻于桂林市鹦鹉山（宋代称鹁鸠山）的崖壁上，是南宋末年的桂林城市平面图，图用阴刻单线表示，详于城防设施而略于街道坊市，图上方用楷书记载了南宋末年四次修城的简况和工料费用，左侧刻有咸淳八年（1272年）《静江府修筑城池记》，就是城图的说明。这是研究桂林城市发展和宋代城防建设技术发展的重要史料。据记载，南宋末年对桂林城的四次拓展修筑均是出于抵御蒙古军队的军事需要，历时十四年在桂林建成了城图中所绘北倚诸峰、东临漓江、重城列堑、楼橹栉比的纵深防御体系。城图中各项城防设施大多标了名称，可知其功能和构造。如城身均用砖石包砌，大部分城门已采用砖石砌的券洞；在城门外有的建有遮挡门洞用的照壁，称"护门墙"；在主要城门外多建有方形瓮城，其正对城门建的箭楼称"万人敌"；在瓮城侧面的门和城身马面上建的开有射孔的平顶建筑称"硬楼"；城墙拐角处已由传统的方角改为圆弧形，其上也随城身建

宋代石刻《静江府修筑城池图》摹本

楼，称"团楼"；临水的城门有的在门外或河桥的外端建防护性的半圆弧形小城，称"月城"。将此图内容和所附文字，与北宋曾公亮所撰《武经总要》[9] 的记载相比较，可知南宋末年吸取了与金、蒙战争的经验，在战争中使用火器增多的形势下，在城防设施建设上有了新发展，这对研究中国古代城防建设发展方面有参考价值。而将此等机密的城市设防情况刻石公布张扬表功之举，也从一个侧面显示了南宋政权之昏庸腐朽已到了不可救药的程度。

2. 对单体建筑、建筑群和城市规划运用模数的研究

通过对日本飞鸟、奈良时代建筑资料研究探讨我国南北朝隋唐建筑特点。

在 1990 年至 1991 年间，日本某单位开展奈良文化村工程建设，其中有复建的含元殿，要我们研究所提供设计图纸。我承担了这项设计任务，与钟晓青、张铁宁两位副研究员开始绘制图纸、安排制作模型。借这次访日的机会，我得以实地参观考察了大量日本古建筑。

日本现存相当于唐朝时期的古建筑有 26 座，我这次赴日考察了 25 座，还有一处在时间上实在来不及了，没去看成。日本的古建筑研究工作做得非常精细，有发掘平面图，有实测数据，我这次考察能够收集到这些资料，收获不小。归国后将其与中国唐代及保存较多唐风的辽代建筑遗物相比较，撰成《日本飞鸟奈良时期建筑中所反映出的中国南北朝隋唐建筑特点》一文，于 1992 年发表于《文物》。在文中先分析携归的图纸和数据，探讨这批日本建筑所表现出的设计特点

为日本制作的含元殿模型

参观日本东大寺

参观日本药师寺东塔

及其中所蕴含的中国早期建筑特点，探索其中可补中国早期古建筑遗存不足之内容。据日本学者研究，自6世纪后半，随着佛教传入，日本于592年（中国隋文帝开皇十二年）建飞鸟寺，日本史称此期为"飞鸟时代"（约592—710年，相当中国隋文帝开皇十二年至唐睿宗景云元年），此时中国南朝建筑做法已通过百济传入日本，现存的代表性建筑为奈良法隆寺金堂、五重塔和法起寺三重塔。法隆寺607年（隋大业三年）创建，670年毁，710年（唐景云元年）建成。日本学者公认其风格仍属飞鸟时代。通过对这三座建筑的实测图及数据的分析，发现飞鸟时代建筑法隆寺金堂、五重塔的构架都以材高（泥道栱高）为模数，其建筑之总高（计至脊高）以下层柱之高为扩大模数：金堂的下层柱高为14材高，脊高为4倍下层柱高；五重塔的下层柱高为12材高，脊高为5

149

倍下层柱高。法起寺三重塔材高与法隆寺金堂同，脊高为5倍下层内柱高。

现在根据日本的材料可以知道，到南北朝的末期，中国的建筑已经有了唐朝寺庙建筑的表现特点，比如木构建筑设计中用材作设计模数，立面设计和断面设计中用底层柱高为高度模数。但是如果依据国内的材料，现存国内最早建筑也就是唐朝中期五台山的南禅寺了，无法推断出南北朝时期的建筑特点。但是日本一些古书上就有记载，说日本是通过南北朝末期从朝鲜的百济传来了南朝的建筑。那些东西日本人有实测图，我就把日本的实测图和数据拿过来，依此推算，算出来的结果证明了现在日本最早的两个古建筑，即奈良时期的法隆寺五重塔和东大寺金堂都是以栱高，也就是材高为建筑的设计模数，也都是以底层柱高为高度模数，从塔顶到塔根的高度是柱高的整数倍。

用日本的图和日本的数据算出来日本古建筑是这样的，而日本古书又说这些反映的是中国南北朝末期的建筑特点。那么根据这个就可以推想，唐朝的很多建筑设计的手法在南北朝末期就已经出现了，但是我们自己没有实际材料，所以就靠外国资料反过来证明中国也有这样的东西。我在建筑史里专门写了关于这方面的一篇文章。南北朝的建筑，尤其是南朝的资料到现在连一张图像都没有，石刻也没有，北朝的还好说，有敦煌壁画，有龙门石窟，南朝建筑目前唯一的参考资料就是日本飞鸟时代的三座房子，这三座房子的共同点就是反映了中国南朝后期的特点，但也就到此为止了。

以材高为模数的记载在中国始见于北宋的《营造法式》，实例则最早见于唐代建筑南禅寺、佛光寺和辽代建筑独乐寺山门、观音阁等。近年通过研究，我们已发现它们还都以下层柱高为断面、立面的扩大模数。可知在中、晚唐时已是这样。但更早时的情况因无实例，尚不了解。此次通过对受中国南朝末期影响的日本飞鸟建筑（相当于隋至初唐时期）实例的验算，也发现了上述特点，则可据以推

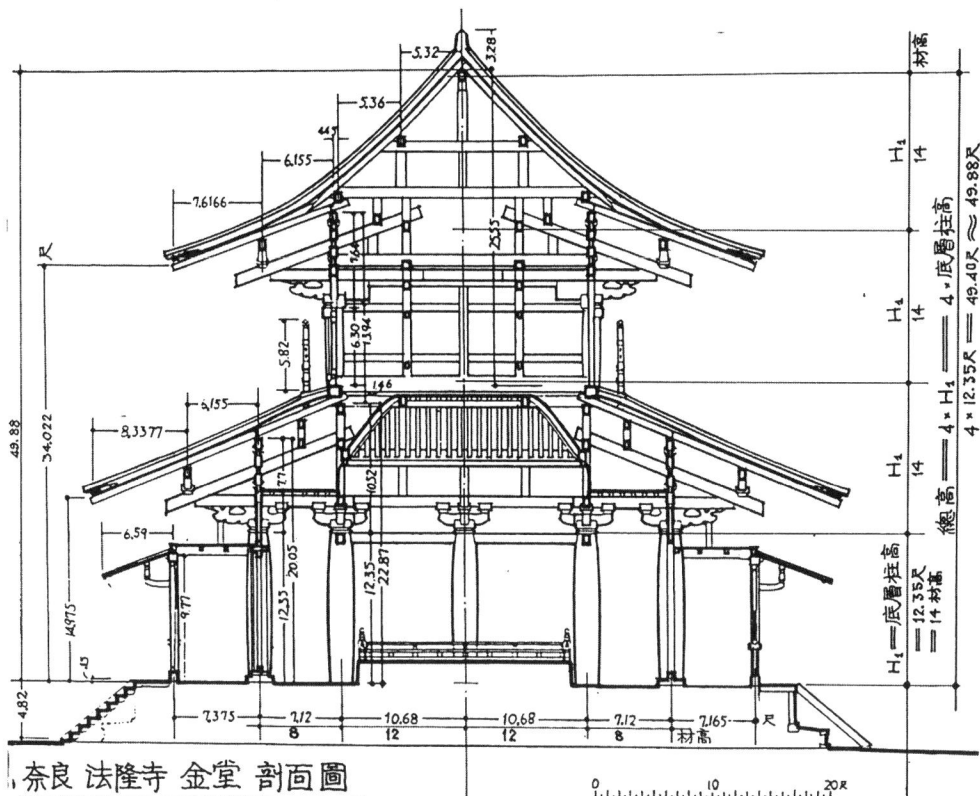

奈良 法隆寺 金堂 剖面圖

引自講談社版《日本美術全集》2，宮本長＝郎〈飛鳥時代の建築と佛教伽藍〉圖⑤1 （建於680年當唐高宗永隆1年）

日本法隆寺金堂以柱高为模数分析图

知可能早在中国南北朝末期，中国木构建筑运用模数进行设计已达到
这个水平。这就把我们对唐以前中国木构建筑发展水平的认识提早到南
北朝末期，补充了中国早期木构实例缺少的遗憾。我在编写《中国古代
建筑史·第二卷》时，在南朝的建筑技术部分已采用了这方面的研究
成果。

　　根据这些材料，就可以推断，中国南朝末年的木结构建筑已经用
材作为设计模数。立面的高度已经用下檐柱高做模数，把我们对中国
建筑在这方面的认识提前了三四百年。在此基础上，我写了《日本飞
鸟奈良时期建筑中所反映出的中国南北朝隋唐建筑特点》一文，于
1992 年发表于《文物》杂志。[10]

151

3. 建筑群体布局研究

1992年起，我开始进行中国城市规划建筑布局和建筑单体设计的方法研究。

元大都城是明清北京城的前身，明北京紫禁城宫殿即建在元大都宫殿的南半部，故元大都宫殿也对明清宫殿有重大影响，但元宫殿遗址压在今紫禁城及景山之下，无法勘查，只能通过文献考查。元代文献中，陶宗仪在所撰《南村辍耕录》[11]中，把元代将作所（工官）档案中所载的宫殿情况，包括主要建筑的形制、间数、轮廓尺寸详细录入，可据以了解其全貌。但因元代官式建筑的规制史无记载，需先把现存元代建筑的形制、间数、面阔、进深、高度等数据尺寸集中归纳，进行比较，了解其用材等第的规律和明间面阔与柱高间的比例等，以供复原元宫建筑参考。在研究中，先对《南村辍耕录》中所载元大都宫殿的数据列表，与现存元代建筑的测量数据进行比较、分析，推定各宫殿的具体规制、尺度，参考现存元代建筑特点进行复原研究，除逐项绘制复原图外，还重点绘制了宫中大明殿和延春阁两组主要宫殿的全景复原图。此研究项目定名为《元大都大内宫殿的复原研究》，于1993年在《考古学报》发表。元大都宫殿在中轴线上前后建二宫，其主殿均为工字殿的布置和金中都宫殿相同，并继承了金中都在主殿院东西廊庑中部建楼的布置，且为以后的明清紫禁城宫殿所延续。但两宫中把后宫的尺度建得与前朝相等，则是元宫所独有的特点，可能是元代帝后并尊、政治地位相当的反映。前后两宫另一特点是在后寝正殿东西侧各建有一座进深三重的寝殿，则为宋、金宫殿所无，也未被明清紫禁城宫殿所继承，是元宫独有的做法。这是否与蒙古人独特的生活习俗有关，尚待进一步探讨。

根据对《营造法式》的进一步研究，我相继撰写了《试论唐至明代官式建筑发展的脉络及其与地方传统的关系》和《宋代建筑构架的特点与减柱问题》等论文，分别于1999年和2002年发表。

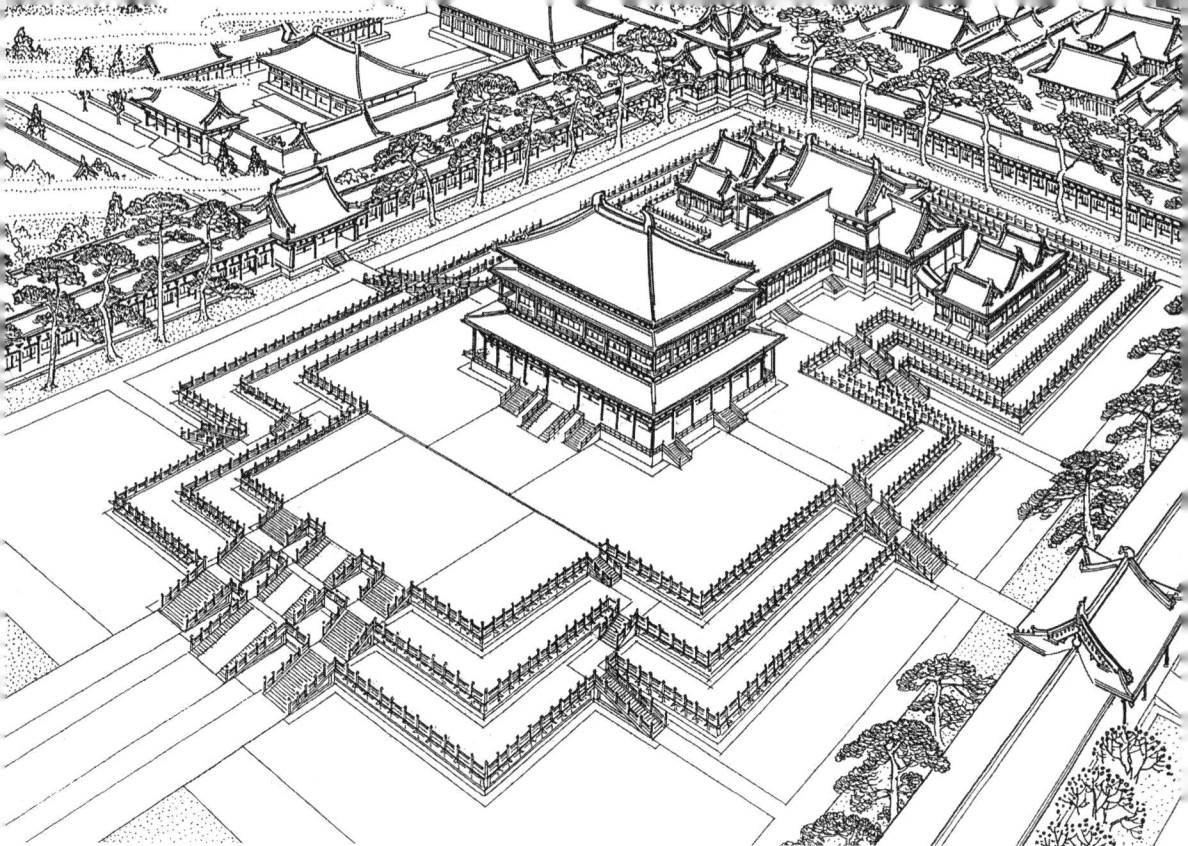

元大都大内皇后正殿延春阁复原

　　然后我开始研究城市规划里面的模数制问题。比如中国古代城市是怎么规划的，影响它的规划方法有哪些，然后就是大型建筑群的规划。除了故宫，另外还有很多建筑群的规划被大量材料证明是用的面积模数。城市规划基本都是面积模数，比如唐朝的洛阳。洛阳是以皇城套宫城，然后底下是坊、市，以宫城之广、长为模数规划全城。宫城的中心部分是大内，以大内面积为基准，取其四分之一为一坊。然后全城以坊为单位，聚四坊为大内，聚十六坊为皇城宫城之总和，所以整个洛阳的规划也是以宫城的面积为模数的。

　　在进行上述工作的同时，我也开始更多地考虑古代城市、建筑群组和单体建筑的规划设计方法问题。我在 1988 年所撰《关于明代宫殿坛庙等大建筑群总体规划手法的初步探讨》一文中利用较精确的实测图和北京城鸟瞰全景照片，已发现紫禁城内各主要宫殿所形成的宫院均以内廷主建筑群"后两宫"的面积为模数，明初天坛以大祀殿下

153

土台为面积模数，社稷坛以拜殿、祭殿的面积之和为模数等特点。这表明在规划有特殊意义的重要建筑群时，往往以其主建筑群为面积模数。还发现在确定建筑群组内的建筑物布置时，大多把主建筑置于宫院地盘的几何中心，紫禁城中主要宫院和太庙、社稷坛等都是这样。

我在1988年秋开始编写《中国古代建筑史·三国两晋南北朝隋唐五代建筑史》时，也在这方面进一步进行探索，已发现唐代长安城、洛阳城在规划中也以宫城为面积模数等现象。又据日本飞鸟时代建筑实例将其出现的时间提早到南朝末年。

4. 对古代城市规划、建筑群布局和单体建筑设计方法和特点的研究

1995年，我申报了《中国古代城市规划、建筑群布局及建筑设计方法研究》专题研究项目，探讨历史上形成的用模数和模数网格控制城市规划、建筑群布局和单体建筑设计的方法，也得到院、所批准立项。此专题内容分城市平面布局、建筑群的平面布局、单体建筑设计三章，分三个层次进行探讨。

在城市规划方面，我首先发现明清北京城东西宽为紫禁城宽的9倍，南北深为紫禁城深的5.5倍，面积为其49倍。这表明宫殿与都城规划间确有模数关系。再研究早于北京的唐代长安、洛阳，元代大都等都城，也发现均以宫城面积或其长宽为全城规划的模数，说明这至迟是唐以来规划都城的通用手法。其京城与都城间的比例关系还有一定政治含义。如元大都以宫城和御苑面积之和为模数，都城东西宽为其宽的9倍，都城南北深为其深的5倍，而这9与5的比例恰代表"九五之尊"，隐喻皇权的至高无上地位。

明北京城之面积改为紫禁城的49倍，是因为明北京是在元大都基础上改建的，它必须改变元大都规划的政治寓意，并建立自己新的政治寓意，故改元大都的45倍为49倍，以《周易·系辞》中的"大衍之数五十，其用四十有九"来体现北京城规划的主旨，以表示其规

元大都平面分析圖——以宮城之寬A與宮城御苑總深B為模數，都城面積為9A×5B

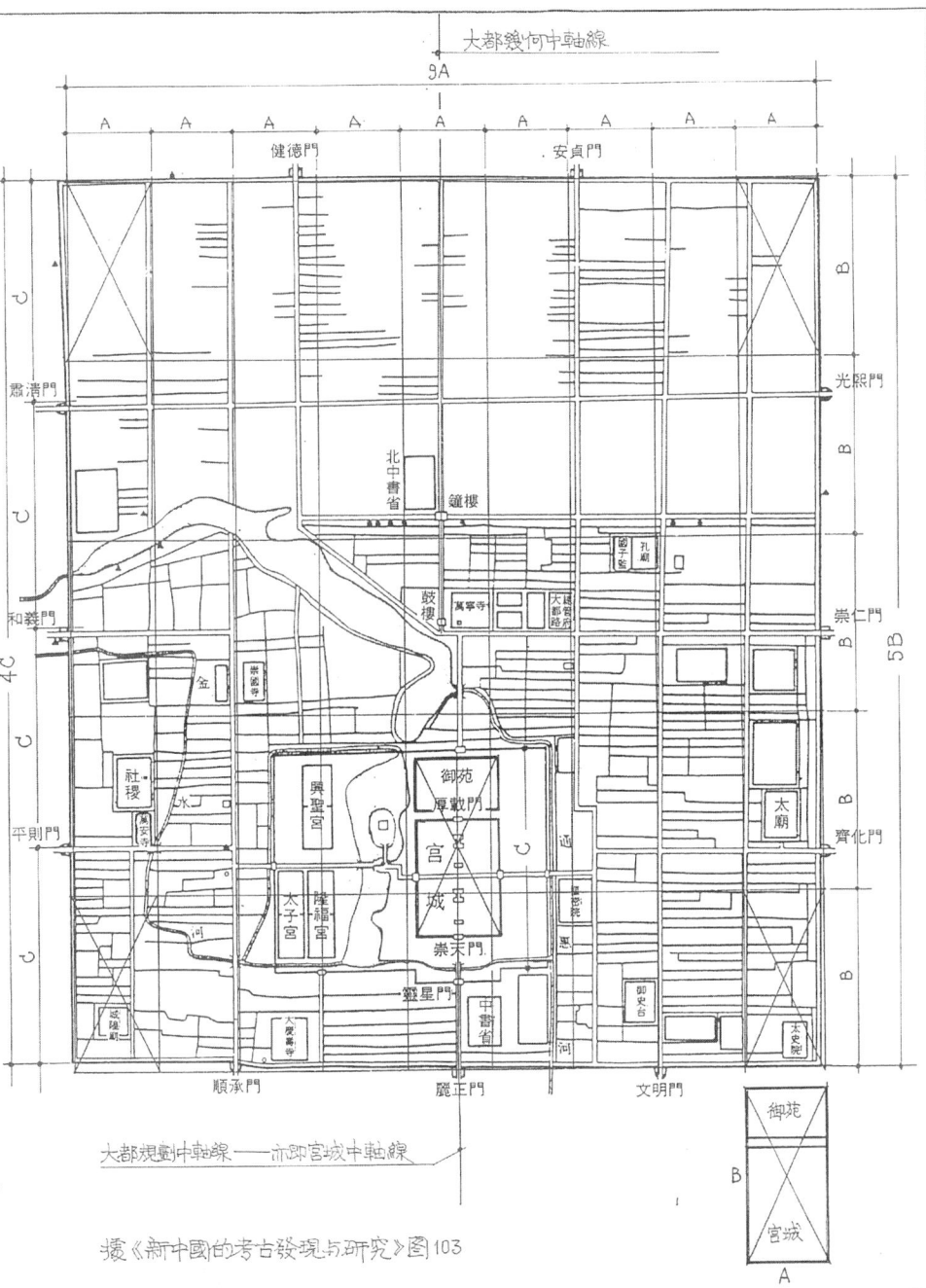

大都幾何中軸線

9A

健德門　安貞門

北中書省　鐘樓

肅清門

光熙門

鼓樓　萬寧寺　大都路總管府　國子監　孔廟

崇仁門

崇國寺

和義門

金臺

社稷　萬安寺

興聖宮

御苑　厚載門　宮城

太廟

平則門

太子宮　隆福宮

齊化門

咸宜坊

御史臺

太史院

大麗萬寺　崇天門

靈星門

中書省

順承門　麗正門　文明門

大都規劃中軸線——亦即宮城中軸線

據《新中國的考古發現與研究》圖103

御苑

B

宮城

A

155

元大都規劃以宮城與御苑面積之和為面積模數分析圖

划布局是"上合天地阴阳之数，以成万世基业"，完全符合帝王都城体制的。

在建筑的群组布局方面，除前文述及的有特殊意义的重要建筑群以其主建筑群为面积模数外，还发现这些建筑群组都是以一定尺度的模数网格为基准进行布置的，并视其等级和规模，模数网格的尺度也逐级降低。如紫禁城内大型建筑群"前三殿"、中型建筑群"后两宫"、小型建筑群"东西六宫"分别用方 10 丈、方 5 丈、方 3 丈三种网格为其面积模数。

太庙、社稷坛和一些大的寺庙也用方 5 丈、方 3 丈网格为面积模数。这些建筑群还都把主体建筑置于地盘的几何中心，并与正门、后殿（或后门）前后相重，形成该建筑群的南北向中轴线。如太庙前殿宽 5 格，中殿、后殿宽 4 格，主院宽 7 格，深 13 格。

循此探索，发现大量元明以来的寺观、祠庙、王府、邸宅等大建筑群的布置也都以一定长度为模数网格，并在正门、正殿、正堂间形成中轴线，说明是具有普遍性的规律。

在单体建筑设计方面，除已知的用材高或斗口宽（实即材宽）为确定单体建筑构件尺寸的基本模数外，还确认也存在着扩大模数。如在剖面设计上，唐、宋、辽金以前，进深四架椽的建筑，其脊檩之标高为其下檐柱之高的 2 倍；元以后，提升到进深六架椽的建筑，其脊檩标高为其下檐柱高的 2 倍；在立面上，重檐建筑其上檐柱之高为下檐柱之高的 2 倍。建筑的通面阔基本是其下檐柱高的倍数。自唐至清，现存绝大部分建筑都符合或极近于这个比例关系，如唐代的南禅寺大殿的通面阔为其下檐柱高的 3 倍。辽代佛宫寺木塔底层上檐柱高为副阶柱高的 2 倍，自台基面至五层塔檐之总高为一层副阶檐柱高之 10 倍，亦即一层塔身柱高的 5 倍，即以底层柱高为塔之高度模数。元代永乐宫三清殿的通面阔为其下檐柱高的 5 倍。明代的社稷坛前殿的通面阔为其下檐柱高的 6 倍等。

在楼阁建筑中，也多以下檐柱高为模数，最早之参考例证为日本

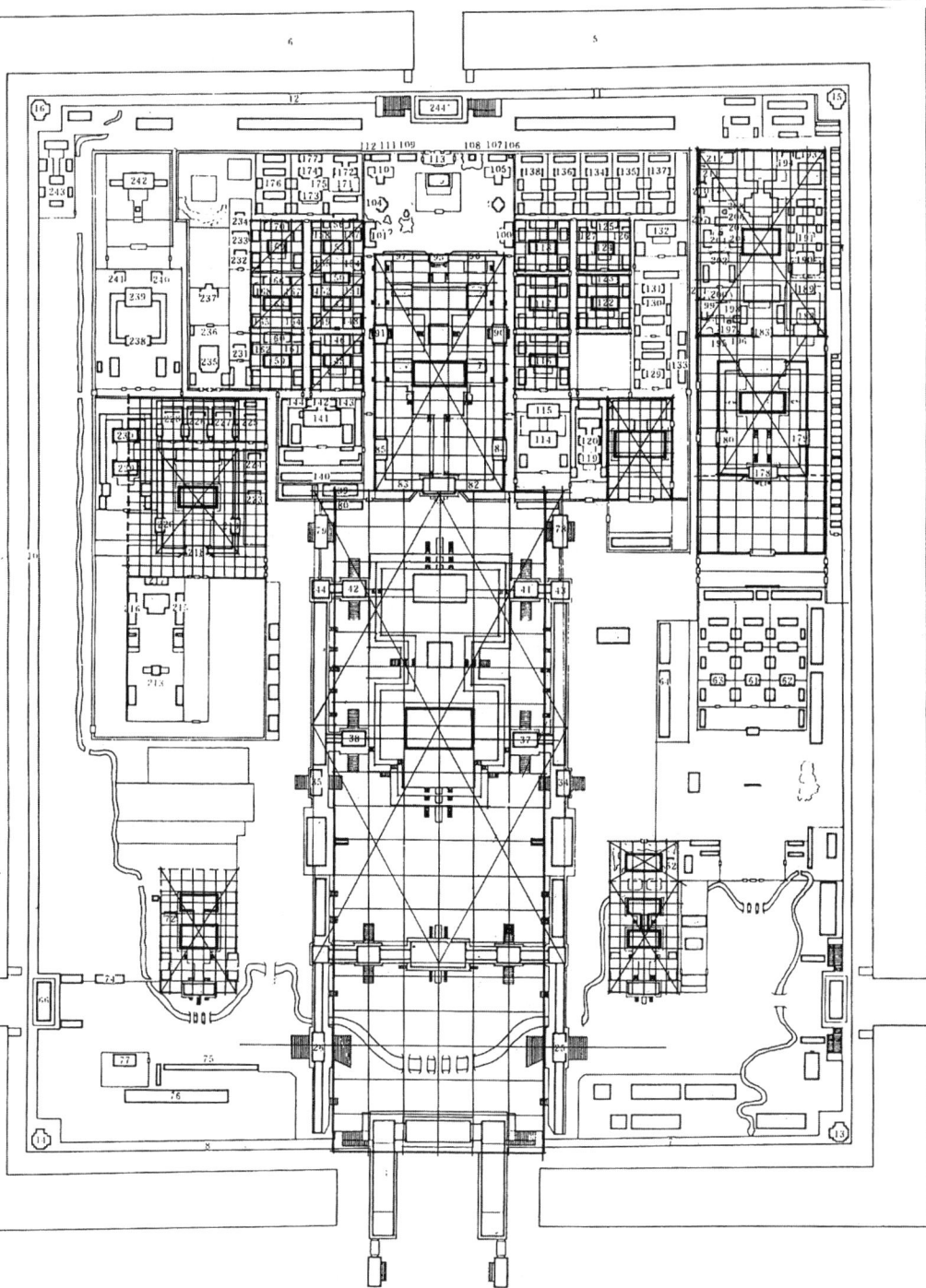

据《紫禁城建筑研究与保护》附图

北京明清宫殿分别用方 10 丈、5 丈、3 丈网格为面积模数，并置主殿于
地盘几何中心图

明清紫禁城宫殿平面布置分析图——以方十丈五丈三丈网格为基准

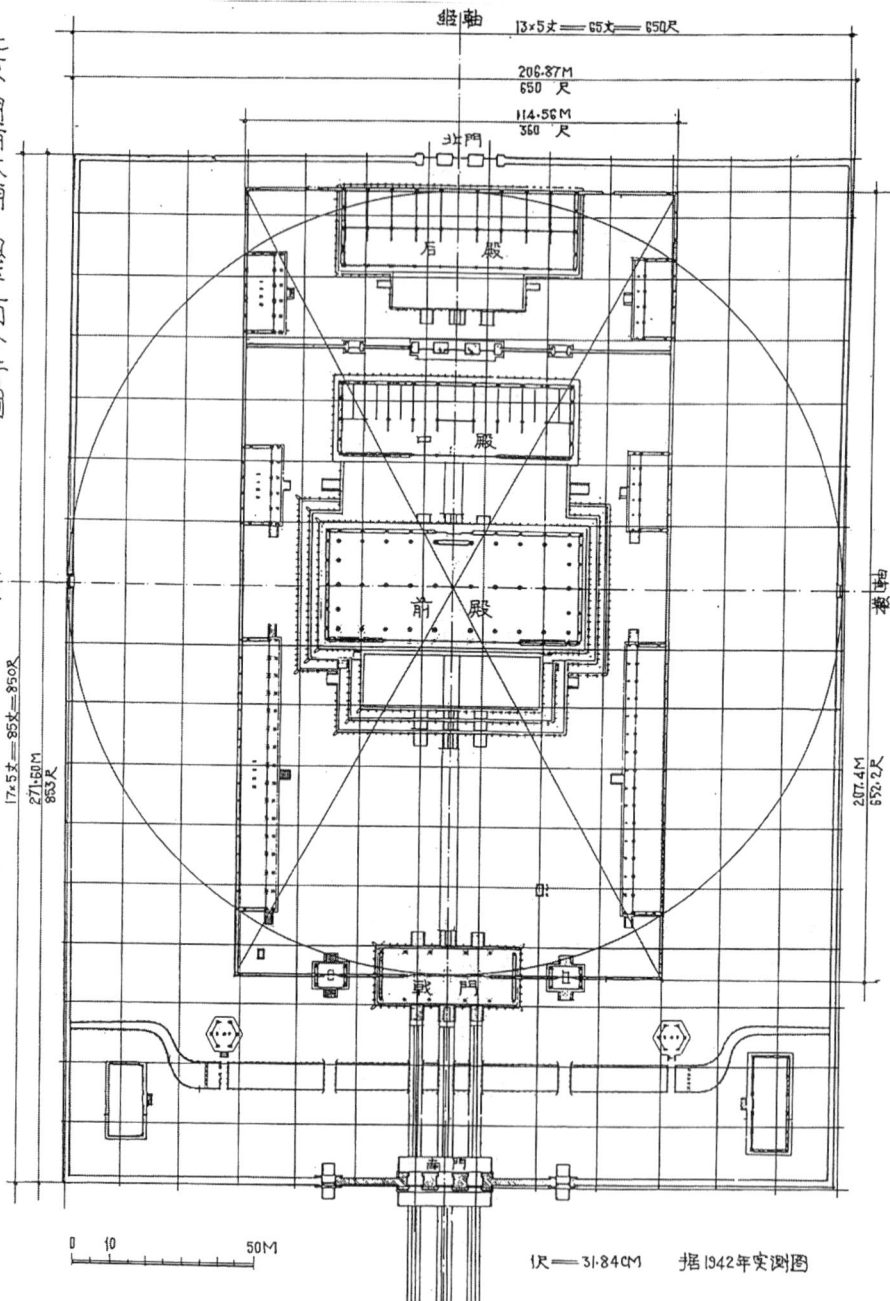

北京明清太廟 總平面分析圖 ——以方五丈網格為布置基準 正殿居內院幾何中心

北京太庙以方5丈网格为面积模数，并置前殿于主院几何中心

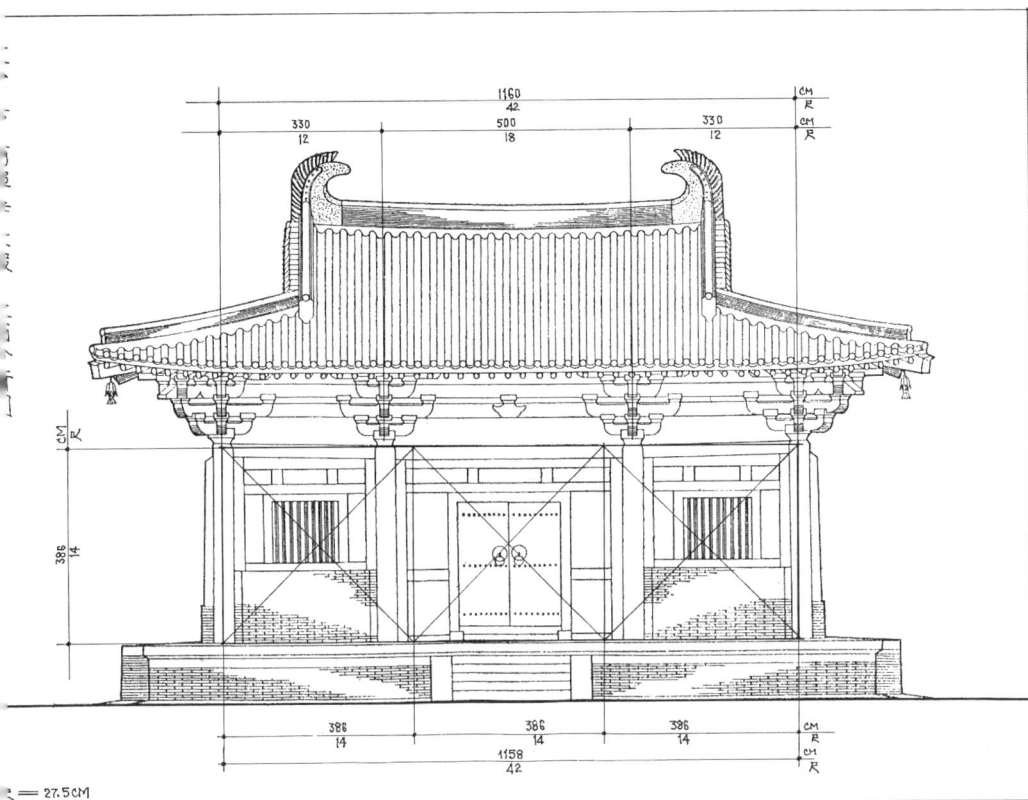

五台山唐南禅寺立面以下檐柱高为模数

法隆寺金堂。国内宋、元、明、清各朝都有实例，如西安鼓楼和北京天安门、午门等。明清紫禁城的天安门，除建筑本身外，连其下的墩台之高宽也是以城楼之下檐柱高为扩大模数的，故使人感到特别匀称和谐，可知以下檐柱高作为该建筑的扩大模数，在确定该建筑剖面、立面时起了关键作用。

在佛塔中，唯一的辽代木塔应县佛宫寺释迦塔之立面设计为以一层塔身为高度模数，自台基面至五层塔身檐柱顶之总高为一层副阶檐柱高之 10 倍，也是一层塔身柱高的 5 倍。

这样，通过研究大量实例并分析实测图及数据，揭示出古代除文献中已有记载的单体建筑设计以材高和斗口宽为基本模数外，还存在

159

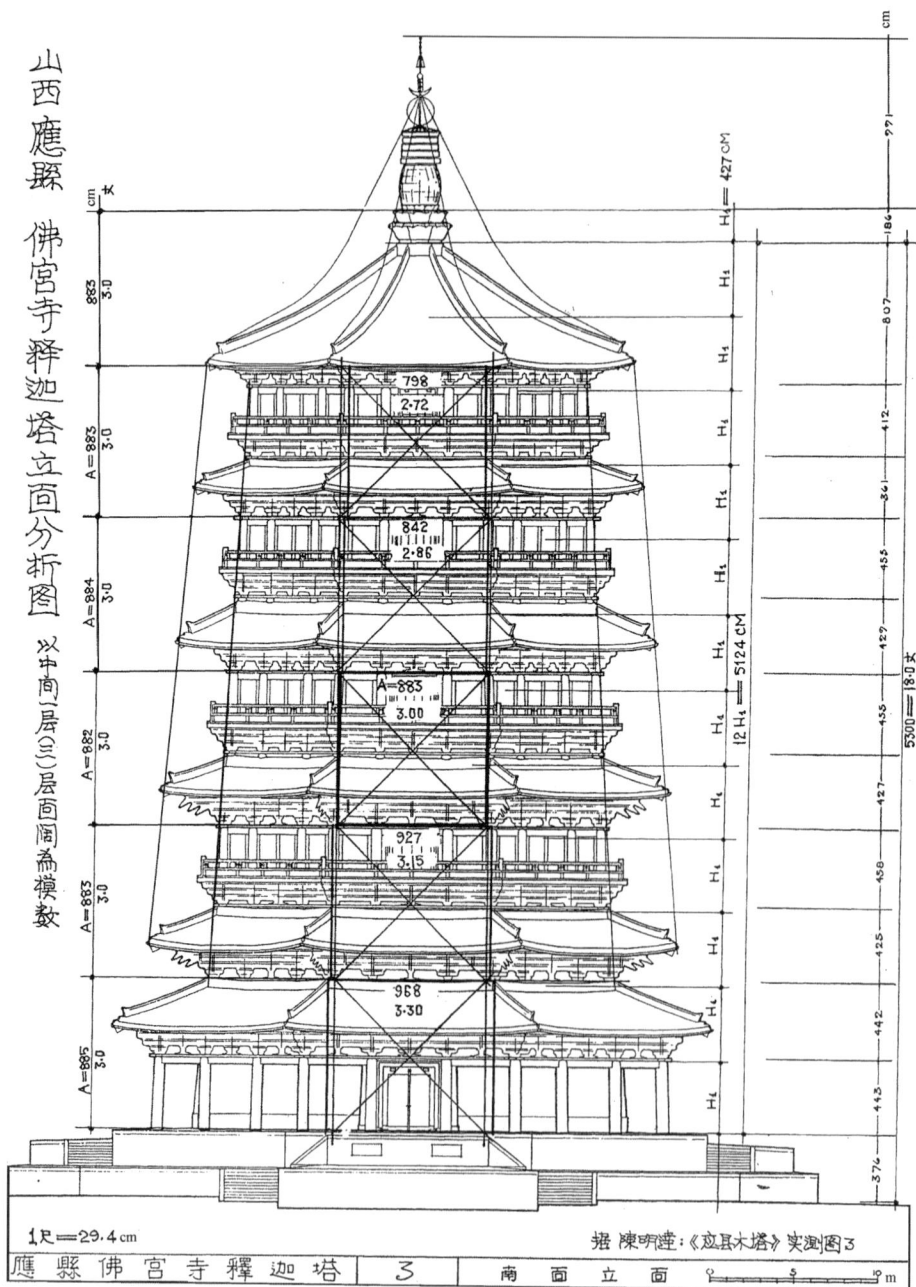

山西應縣 佛宮寺釋迦塔立面分析圖 以中间一层(三)层面阔為模数

1尺＝29.4cm

據 陳明達:《應县木塔》实测图3

應縣佛宮寺釋迦塔　3　南面立面

应县佛宫寺辽代五层木塔塔身总高以一层上檐柱高为模数

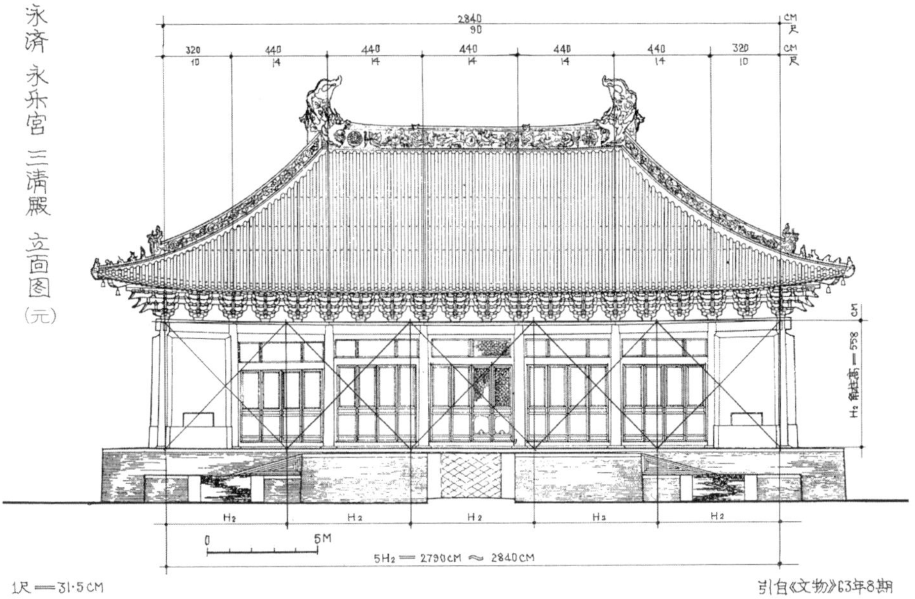

永济 永乐宫 三清殿 立面图（元）

1尺＝31·5CM

引自《文物》63年8期

元代永乐宫三清殿立面以檐柱高为模数

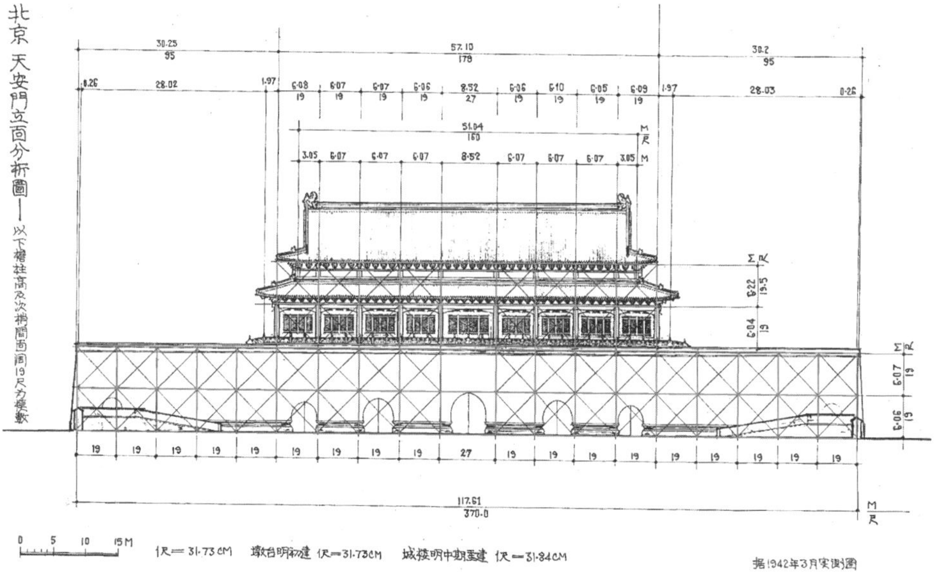

北京 天安门立面分析图——以下檐柱高及次梢间面阔19尺为模数

1尺＝31·73CM　墩台明初建 1尺＝31·73CM　城楼明中期重建 1尺＝31·84CM

据1942年3月实测图

天安门城楼及墩台均以下檐柱高为扩大模数

着运用扩大模数从整体上控制规划设计的方法。此外，通过进一步探索日本9世纪以前建筑设计中运用模数的特点和规律，还取得研究南北朝末年至唐代建筑设计手法和规律的旁证资料，把对中国古代在规划设计中较成熟运用模数的认识向前推至南北朝末期，证明自那时起已形成一套不断发展完善的用模数和模数网格控制规划、布局和建筑设计的方法，可保持城市、建筑群、建筑物的统一协调并对共同风格特征的形成、延续与发展起重要作用，在当时有较高的科学性、实用性和先进性。此研究项目自1995年申请立项，反复探讨，于2000年完成，篇幅近100万字，由中国建筑工业出版社出版，并于2001年获中国建筑设计研究院科技进步特等奖，2003年获华夏建设科学技术一等奖。[12]

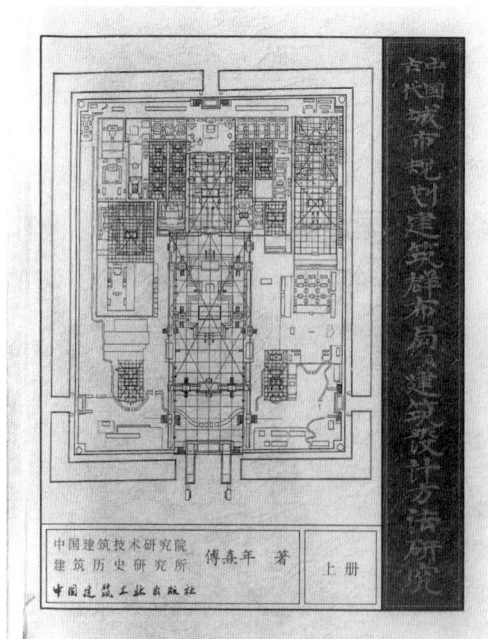

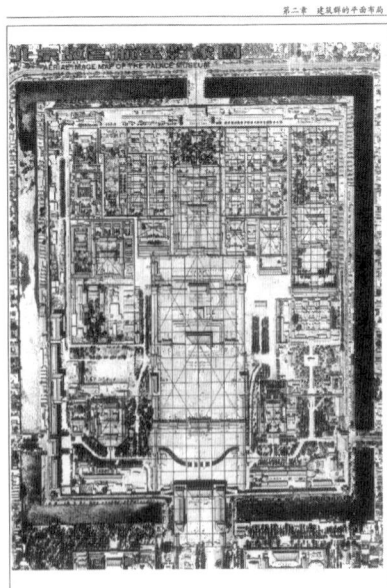

《中国古代城市规划、建筑群布局及建筑设计方法研究》（第一版）

第三节　古书画研究著作

近年来，我又把 1987 年赴美期间在各博物馆阅览中国古代书画时所记的笔记进行整理，形成文字稿本，包括我本人的鉴定意见，定名为《旅美读画录》。但一些友人看过文稿后认为最好能配上图像，便于据以了解美国各博物馆所藏中国古代书画的全貌。近年承李经国先生好意，承担了配图的工作，除在已发表的图录中引用入录各图外，所缺部分还向有关各博物馆和收藏家提出申请，也取得一些进展，目前正在进一步整理中。

1996 年，我曾随启功先生、王世襄[13]先生访问美、英、法三国。在美国参观了纽约大都会美术馆、波士顿美术馆等著名博物馆。在英国参观大英博物馆时，得以见到东晋顾恺之《女史箴图》原件，启功先生和我反复观赏、交换意见，都认为从书法角度而论，应是隋或初唐人的临摹本，但即便如此，此卷仍为传世最古名迹。又在大

1996 年与启功先生、王世襄先生在纽约
大都会博物馆看画

河南美术出版社出版的《傅熹年书画鉴定集》

163

英图书馆得见斯坦因从敦煌取去之大量经卷，其中有一些南朝梁代天监年款的写经，书体和用纸都很有特点，在国内极为少见。又得见一册当时尚不为外界所知的《永乐大典》。在法国巴黎图书馆得见伯希和从敦煌取去的唐拓唐太宗书晋祠铭等重要碑刻的拓本。此行实是很难得的机遇，使我能得见流失国外的大量敦煌文物，在这方面大长见识，获得了很大的收获。

此后，我把历年所写研究中国古代书画的论文十余篇编为《傅熹年书画鉴定集》，于 1999 年由河南美术出版社出版。

以后，又承故宫博物院关注，在故宫出版社编辑出版的《中国书画鉴定与研究》丛书中收入我在这方面的有关论文，定名为《中国书画鉴定与研究——傅熹年卷》，把我 1999 年以后所写这方面论文也收入其中，于 2014 年出版。

第四节　古书画鉴定的体会

我在中国古代书画史、中国古代玉雕史和中国古籍版本目录学等方面能有一定深度的研究，主要是机遇。首先是祖父、父亲分别是中国古籍版本目录学和中国古代玉雕方面的权威专家，我少年时就受到他们的指导和启发，对中国古代文化有浓厚的兴趣，也打下了较为扎实的传统文化根底。成年以后，有幸得以接触多位当代研究古代书画和古籍版本目录学方面的最高水平的权威专家，如张珩先生、启功先生、徐邦达先生、赵万里先生、顾廷龙[14]先生等，并受到他们细心指导，常常在国家文物局鉴定重要古代书画时要我去听他们分析讲解，在他们的教导下我逐渐开阔眼界，提高水平，并陆续有相关的论文和专著发表，最终形成了近于第二专业的情况。

因此，在 1973 年我被聘为古籍整理出版小组成员，1983 年被吸收进入全国书画鉴定小组，1986 年被聘为国家文物鉴定委员会常务委员。2005 年在国家文物鉴定委员会原主任启功先生不幸逝世后[15]，因老辈凋零，不得已要我勉为其难，改聘为主任委员。但这实不属我的本职工作，又限于水平和专业范围，并不能全力以赴，实是愧对厚托。目前我已年近九旬，精力日衰，只能静待后贤交班而已。

我曾在故宫博物院介绍书画鉴定经验，并在此基础上撰成《浅谈做好书画鉴定工作的体会》一文发表。内容分三部分：一、书画鉴定工作要建立在坚实的书法史、绘画史的基础上；二、有目的地利用比较分析的方法建立起书画鉴定所需要的微观的标准系列和宏观的综合概念；三、要有一定的文献史料基础和考证能力。

在第一部分我认为要先有系统的书画史知识，对其时代风格演变、不同派系差异、著名作家特点及其代表作品要有深入的认识，形成系统的书画史知识和综合印象。

在第二部分我提出在上述系统书画史知识的基础上建立起标准品系列，用做卡片或录入电脑加以分类的方法积累起可供比较分析的资料，作为鉴定工作中分析、比较、认证的标准。书画作品的真伪不能据其自题，要从大的时代风格所属流派和个人特点及个人在不同年代的变化三方面进行比较，逐步缩小范围，才能形成较有依据的鉴定意见。比较分析法是研究美术史和进行艺术品鉴定的基本方法，在形成以后要随工作而逐步充实、完善，如能在此基础上形成对各不同时代不同画家的综合概念，对正确鉴定更有帮助。

在第三部分我强调掌握文献史料的重要作用，其中包括绘画史及书法史著作、笔记杂记、书画著录书、题跋题画诗和尺牍四大类，认为掌握文献，可以使鉴定工作建立在研究工作的基础上。

最后我再次强调掌握比较分析法对鉴定工作的重要性。

我是在和梁思成先生、刘敦桢先生学习建筑史时接触到比较分析法的。建筑史在西方属美术史范围，已有一二百年以上的历史，在应用比较分析法进行艺术品断代研究方面已经颇为成熟。梁思成先生、刘敦桢先生在研究中国古代建筑史时,都在运用比较分析法和通过文献考证对古建筑物进行定位断代方面取得了杰出的成就,基本厘清了中国古代建筑的发展脉络。他们在这方面给我许多指导,使我逐步领会和掌握了这种科学方法的应用,所以我在研究中国古代书画史和进行书画鉴定时,是有意识地运用了比较分析法的。发表此文则是希望把这一方法介绍给研究书画史和书画鉴定的同道。[16]

注释

[1]　刘叙杰，湖南新宁人。我国著名建筑史学家、建筑教育家刘敦桢之子，东南大学古建筑研究所教授、著名古建园林专家、建筑学家，中国建筑学会中国史学会副会长、中国文物学会传统建筑及园林委员会副会长、中国圆明园学会学术委员。著有《中国古代建筑史》第一卷。

参见：刘叙杰. 刘叙杰［M］// 杨永生，王莉慧编. 建筑史解码人. 北京：中国建筑工业出版社，2006：185-190.

[2]　郭黛姮（1936—2022），清华大学建筑学院教授、博士生导师，国家一级注册建筑师，兼任中国建筑史学会常务理事、学术委员；中国紫禁城学会理事，著名古建筑专家。师从中国建筑史学大师梁思成先生。著有《华堂溢采——中国古典建筑内檐装修艺术》《我国古代的几种建筑》等。

参见：萧涵. 郭黛姮［M］// 杨永生，王莉慧编. 建筑史解码人. 北京：中国建筑工业出版社，2006：257-261.

[3]　钟晓青（1951—），1978—1981 年就读于清华大学建筑系研究生班，1981—2006 年在中国建筑设计研究院建筑历史研究所工作，主要从事古代建筑史研究以及与之相关的建筑设计工作。

[4]　屠舜耕，清华大学毕业后到中国建筑设计研究院历史室工作，是精研西南少数民族建筑的专家。

[5]　《三都赋》，西晋文学家左思所写都城赋。《晋书》："左思作三都赋，世人未重。皇甫谧有高名于世，思乃造而示之，谧称善，为其赋序也。后《三都赋》名满天下，一时洛阳纸贵。"左思（约 250—305），字太冲，齐国临淄（今山东淄博）人，西晋诗人。

[6]　《洛阳伽蓝记》是一部集历史、地理、佛教、文学于一身的名

著（《四库全书》将其列入地理类），简称《伽蓝记》，为北魏人杨衒之所撰，成书于东魏孝静帝时期。杨衒之，北魏时北平（今河北定州市）人，做过期城（河南泌阳）太守。

[7] 《法苑珠林》，又名《法苑珠林传》或《法苑珠林集》。全书约百万余字，博引诸经、律、论、传等四百多种。本书为一切佛经之索引。系道世根据其兄道宣所著之《大唐内典录》及《续高僧传》而编集，具有佛教百科全书之性质。作者道世，京兆（西安）人，俗姓韩，字玄恽。

[8] 20世纪中国建筑史研究借助考古学、社会学、人类学等社会科学，美术史的成果，人文科学以及结构学、构造学、声学等技术科学，获得了巨大的进展。世纪之交由傅熹年、刘叙杰、郭黛姮、潘谷西、孙大章分别主编的五卷本《中国古代建筑史》和萧默主编的上下卷《中国建筑艺术史》两部巨著比较集中地反映了这些进展。……由傅熹年、刘叙杰、郭黛姮、潘谷西、孙大章分别主编的五卷本《中国古代建筑史》在大大增加了新发现的史料和新的研究成果的同时，继续沿用了刘敦桢编《中国古代建筑史》的体例。1990年代以后，社会学角度研究中国建筑史更成为学科发展的一个重要趋势。……刘敦桢编《中国古代建筑史》尽可能在每一章都按建筑的社会功能将材料分为宫室、住宅、陵墓、寺和塔等类进行论述。

参见：赖德霖. 中国近代思想史与建筑史学史 [M]. 北京：中国建筑工业出版社，2016：246，159，154.

对古代文献发掘的广泛与深入，在这五卷本建筑史著作中，尤其是第二卷中，我们处处可以感受到作者在史料发掘上的功力。笔者也曾经在史料上下了一些功夫，无论是在国内工作学习，还是在国外进修期间，笔者都曾长时间坐图书馆，自以为对汉魏隋唐时期史籍的浏览还是比较宽泛的，但看到

第二卷中所涉及的文献资料之宽、内容之广、钻研之深，不仅几乎覆盖了笔者所接触的有关这一时期的几乎全部建筑史料，而且更有许多笔者所远未曾涉猎之处。以笔者的感觉这一卷著述中所包容的有关这一时期中国古代建筑的史料内容及其价值，是我们这些晚辈学人，几乎穷极气力，也难以望其项背的。虽然，由于现代 IT 技术的发展，尤其是这几年，人们在文献查阅与爬梳上，已经远比前人要便捷得多。但治史者，不仅要用气力，更要有史识、史略，要能够从重重历史迷雾中洞见史事的真实，这绝非是一般治史者所能够企达的境界。第二卷涉及的是中国古代建筑最为鼎盛，建造活动最为活跃的时期之一，但实例的建筑遗存也非常之少，研究者以其深厚的功力，对历史文献作了极其深入的发掘，并针对这些文献，作了极富创建力的研究与复原探讨，展示了一种严谨、娴熟、宽博的学术风格。

参见：王贵祥. 笔锋颇雄刚　驳议何洋洋——读《中国古代建筑史》五卷本［M］// 杨永生，王莉慧编. 建筑百家谈论古今：图书编. 北京：中国建筑工业出版社，2008：230-234.

［9］　《武经总要》是北宋曾公亮和丁度创作的一部军事著作，包括军事理论与军事技术两大部分，具有较高的学术价值。其后又将《孙子》等七部兵书汇编为《武经七书》，作为武学的必修课程。

［10］　研究亚洲其他国家和地区建筑的一个目的是从域外寻找研究中国建筑的依据。由于现在中国现存古建筑最早的实物见于 8 世纪，研究更早的木构技术与造型特点只有借助墓葬、石刻、壁画以及域外的实物。……傅熹年在《日本飞鸟、奈良时期建筑中所反映出的中国南北朝、隋、唐建筑特点》一文中指出法隆寺建造采用了 0.7 倍长的高丽尺，这一尺度是下栱的断面高度，也即《营造法式》中规定的"材高"。通过分析这组

世界上现存最早的东亚木构，傅将《营造法式》"以材为祖"原则出现的时间追溯到7世纪。同时傅还发现，日本飞鸟和奈良时期的建筑还与中国唐辽时期的建筑相似，都以柱高为一个扩大模数。如金堂上层檐檩之高为下层柱高的4倍，五重塔高是下层柱高的10倍。通过利用日本的遗构弥补了中国建筑史研究没有六朝到初唐木构建筑实物的缺憾。同时指出中国对日本建筑的影响不仅在于技术和形式，而且还在于设计方法。

参见：赖德霖. 中国近代思想史与建筑史学史［M］. 北京：中国建筑工业出版社，2016：258.

[11] 《南村辍耕录》简称《辍耕录》，是元代文学家陶宗仪创作的一部有关元朝史事的笔记，共30卷，585条，20余万字。陶宗仪（1329—约1412），字九成，号南村，台州黄岩人，元末明初文学家、史学家。

[12] 20世纪50年代中国建筑史最大的发展是美术史角度的研究。这一研究将重点从营造学社时期的年代鉴定问题转向设计方法问题。陈明达的《应县木塔》和其后的《〈营造法式〉大木作制度研究》是这方面的代表著作，今天以《营造法式》为代表的中国木构建筑营造法及其所包含的模数设计问题已经成为建筑史研究的一个核心内容。在陈明达的基础上，傅熹年等学者在80年代以后对这个问题的探讨不断有新的修正、拓展和深化。傅还将模数概念扩展到对建筑群和城市规划的研究。

参见：赖德霖. 中国近代思想史与建筑史学史［M］. 北京：中国建筑工业出版社，2016：243.

[13] 王世襄（1914—2009），字畅安，原籍福建福州，生于北京。著名文物专家、学者、文物鉴赏家、收藏家。1943—1945年在中国营造学社担任助理研究员，学习中国古代建筑学。著

有《明代家具珍赏》等。

[14] 顾廷龙（1904—1998），号起潜。苏州人。著名古籍版本学家、目录学家和书法家，上海图书馆原馆长。长期致力于古典文献学、版本学和目录学的研究。编著《吴愙斋先生年谱》、《古陶文舂录》、《尚书文字合编》（与顾颉刚合作）等，皆具有很高的学术价值。

[15] 2000年撰写《学术研究与艺术鉴赏的完美结合——读启功先生艺术史及书画鉴定论著的体会》，发表于《启功学术思想研讨集》。2004年撰写《深厚的传统文化修养与书画艺术的完美结合》，庆祝启功先生书画题跋手迹出版。2005年在《光明日报》上发表《记启功先生发现的武则天发愿为其亡母写法华经残片》，总结启功先生的学术成果。"数十年来，他的大量研究工作和撰述，如《古代字体论稿》《兰亭帖考》《论怀素自叙帖》《孙过庭书谱考》《平复帖说并释文》《山水画南北宗说辨》《戾家考》等，都是围绕着为书法史、绘画史"背托科学性的材料基础"和对"伪史料的廓清"这一总的目标而进行的，启功先生在研究古代文物和艺术品的同时，也注意利用其所含的资料来考经、考史。启功先生既对古代文字学有深入研究，又极熟悉历代文字实物并重视考古方面的新发展，以文献记载和实物互证，从文字发展由繁趋简、由象形至符号的变化规律出发，对史籍所载各种字体、书体逐一考证，举出其实例，并厘清诸字体、书体间的继承遒递关系和主流与分支的关系，以及正体与艺术化变体的关系，条分缕析，极有说服力地阐明了历史上存在的各种字体、书体的特点和发展演变关系，解决了文字发展史和书法发展史上的重要问题。深厚的传统学术素养充实了他在书法史、绘画史研究和书画创作上的文化底蕴，而书法史、绘画史研究和书画创作实践又有助于他对传统文化作开创性探索。

参见：傅熹年. 学术研究与艺术鉴赏的完美结合：读启功先生艺术史及书画鉴定论著的体会［N］. 中国艺术报，2012-7-25［8］.

[16] 也许是因为研究建筑学的出身，以古代建筑史介入古书画鉴定，而不是从通常人们所看重的笔法、风格、题款等书画作品本身内容来研究书画鉴定，因此不那么引人注目。但即便如此，傅熹年对中国古书画鉴定所作的贡献仍是有目共睹的。或许正相反，正因为他独特的知识结构背景，是他对书画鉴定有着异于别家的最独特的视角，为书画鉴定的研究提供了以书画本身为主的鉴定方法之外的又一种研究方法和鉴定风格。而他以书画圈外人之所以能成为中国古代书画鉴定小组的寥寥几位鉴定家之一，可能也正因为此。对古籍与古文物的研究和积累为他的古书画鉴定研究奠定了一个非常坚实的基础。对古代建筑史与古代书画史的双重研究，可以两者结合，以对绘画中古建筑的考证分析切入到书画鉴定中为他的古书画鉴定树立不同的视角，在中国书画鉴定领域中偏师独出。傅熹年书画鉴定方法的的特点：1. 运用考古学中的类型学，建立可供鉴定参考的比较系列。傅熹年提出的建立一个可供比较的系列，就相当于为这个电脑数据库提供细致的项目框架。这个参照系列的有效性，证明了书画鉴定并非人们想象的如此深奥和遥不可及。同时，有了这个参照系列，也可以判断书画鉴定家的经验判断是否万无一失，它的科学性不言而喻。2. 引入建筑史研究的比较分析方法，用古代建筑图像和器物、服饰图像的比较作为书画坚定的依据。实物图像考证法是能与其他鉴定方法相互印证的最有力的手段，它无疑是傅熹年书画鉴定的最具特色的闪光点，是其他鉴定家的知识结构中不具备的，这一点足以表明，他从另外一个角度为古书画鉴定增添了一种最具说服力的方法和手段。

参见：林如. 以傅熹年为代表的实物图像考证鉴定学派［M］//
林如. 近百年书画鉴定方法与观念之转型研究. 杭州：浙江
人民出版社，2012：116-125.

第六章

千禧新见

2002 年中国工程院改选，我退出主席团，被选为土木水利建筑学部副主任。

2003 年 8 月受聘为中央文史研究馆馆员。

2000 年以后，我除了继续建筑史的研究，在历史建筑遗产保护方面也作了一些探讨。

第一节　对建筑遗产保护的思考

1. 对建筑遗产的认识

2001 年末，我在中国工程院与俄罗斯建筑科学院共同举办的"俄罗斯—中国历史建筑保护会议"上发表了《中国的历史建筑遗产保护问题》论文，介绍中国历史建筑遗产的内涵、特点、确认标准、保护原则和中国在古建筑保护性修缮工作中的经验等，在历史建筑遗产保护方面做了一些探索。此行也顺便参观了一些俄罗斯的重要古建筑，包括莫斯科克里姆林宫内的东正教教堂、彼得堡的冬宫、沙皇村叶卡捷琳娜二世宫殿、巴甫洛夫斯克宫和莫斯科州的扎戈尔斯克修道院等。以后几年又有机会先后访问法国、德国、意大利、希腊、埃及等地，看到外国不同类型和文化特点的古建筑，直观感受到不同历史时期的建筑风格特点和达到的成就，感叹于其精美、壮观之余，也对各国古建筑遗产保护的完善留下深刻印象。"他山之石，可以攻玉"，我们应该努力学习外国的古建筑遗产保护经验，为保护和弘扬我国古代建筑遗产取得更多借鉴。[1]

2001 年参观俄罗斯
圣彼得堡冬宫广场

2000 年参观法国巴
黎圣母院教堂

2006 年参观意大利
罗马斗兽场

2004 年考查德国特
利尔古罗马黑门

参观埃及哈切普苏
特女王祭庙

参观希腊雅典卫城伊瑞克先神庙

2. 对建筑技术的探讨——主编《中国科学技术史·建筑卷》

2003 年末，我承担中国科学院卢嘉锡院长主编的《中国科学技术史》中《建筑卷》的编写任务，撰写一部中等篇幅的图文结合、侧重于技术发展的建筑通史。此卷原定由东南大学建筑学院郭湖生[2]教授撰写，郭湖生先生是建筑技术史方面最权威的专家。早在 20 世纪 70 年代末 80 年代初，他就参加了科学院自然科学研究所的中国建筑技术史（《中国古代建筑技术史》）编写工作，虽然是由自然科学研究所建筑科学室领头，但实际上真正负责掌控全局的主编是郭先生。本来这次建筑卷的主编非郭先生莫属，但他还没来得及做就不幸患病卧床，由他提名推荐我进行此事。多年老友，情不可却，只得勉为其难。[3]

该书对"技术"采取较广义的概念，除一般意义的结构、构造、材料、施工、制作工艺等具体建造技术、技艺外，也包括构成中国传统建筑主要特点的规划城市、布置大型建筑群组和使建筑之间保持

179

《中国科学技术史·建筑卷》

和谐和级差所使用的方法和技术手段等。全书按时代顺序自原始社会至清代分为十章,每章包括五节:第一节为时代概说,即该章的时代背景;第二节为建筑概况,即该时代的发展概貌和取得的主要成就;第三节为规划设计方法,即取得这些成就所使用的规划设计方法和手段;第四节为建筑技术,即具体使用的工程技术;第五节为工官和重大工程建设,包括国家对建筑的管理和主持的重大项目和成就等五部分,侧重发掘建筑技术方面的发展脉络,探讨其创造成就和不足,分析其原因。

编写工作至 2007 年完成,文中大量引用考古发掘的建筑遗址和实测图及复原图,图文篇幅近 120 万字,2008 年由科学出版社出版。2009 年获华夏建设科学技术一等奖。

3. 对建筑历史研究的认识

2005 年,我写了一篇《对建筑历史研究工作的认识》论文,发表在《中国建筑设计研究院成立五十周年纪念丛书·论文篇》中,主要分为对建筑历史学的认识、我国研究建筑史的历程、对建筑史研究工作的回顾和展望三部分,重点总结在梁思成、刘敦桢二位先生开创了这一门学科后,在近七十年间,经三代人不断努力所取得的重大成果和经验,并提出今后争取在建筑学、城市规划学和景观园林学角度加强研究,探索其历史发展规律的特点,以争取为当代建设提供有益的参考和借鉴。[4, 5]

第二节　对建筑制度与社会文化的思考

1. 中国古代建筑工程管理和建筑等级制度研究

2007年建设部标准定额司下达了一个专题"中国古代建筑的管理制度"，要研究工程管理跟建筑等级制度，探讨其历史传统和得失，为制定今天的建设标准提供一些参考资料。

这个专题研究由我主持，和钟晓青同志共同完成。研究分中国古代工程管理机构研究、中国古代建筑等级制度研究、中国古代建筑工程管理方式研究、中国古代建筑标准规范研究、中国古代有关工程管理的法律法规辑要等五部分，

《中国古代工程管理和建筑等级制度研究》

根据历史文献探讨建筑的等级制度、工程定额管理、建筑工程管理手段等社会和行政因素对中国古代建筑传统的形成和发展的作用，为现在相关机构专业工作提供历史参考资料。[6]第一、第二部分由我执笔，第三、第四部分由钟晓青同志执笔，第五部分由我和钟晓青同志共同执笔。

我主持的部分除将历代建筑等级制度及其发展演变列出表格外，还广搜文献，查找具体史料，如官署及官邸的规制、规模等。史载明代中央官署（六部）正堂为五间歇山顶的工字厅，四周由廊庑围合成

纵长的廊院，正门前还有外门，与正厅形成中轴线，另在主院的两侧各建若干小院，用为附属机构的办公处所，形成廊院式群组布局；地方官署的主厅面阔三间，由廊庑围合成主院，廊庑主要用为附属机构的办公处所。主院之后并列三所长官住宅，都是正房、两厢各三间的四合院；这些已成为当时通行的制度。又通过探索大量文献，发现在明代为中央官员提供的官邸中，尚书（正部长级）的住宅四十余间，侍郎（副部长级）的住宅三十余间，郎中（司局级）的住宅二十余间，其级差在十间以上，表明在官邸建筑上存在明显的级差是我国的历史传统。关于清代的官署及等级制度通过《乾隆京城全图》即可有所了解。根据这些史料可以较具体了解当时建筑制度的实况，也在历代城市和村镇的管理如道路、沟渠、绿化、户口管理等方面找到若干法规和事例。这个专题图文篇幅近60万字，2009年完成，2012年由中国建筑工业出版社出版。2013年获华夏建设科学技术一等奖。[7]

2.《走进殿堂的中国古代科技史》

2008年，中央首长需要了解科学技术史方面的内容，于是由中国科学院的自然科学史研究所组织了四十多位专家学者准备讲座，从数学史到物理学史都有，还有技术史等，总共有四十多项内容。我承担的内容是建筑史部分，遂将此前在各项研究中取得的成果择其重要者收入文中，从中国古代建筑概说一直到宫殿、园林、民居、防御建筑（包括长城）、礼制建筑、宗教建筑七个专题，概要地介绍中国古代建筑的特点和成就。全文10万字，190图。我拿着写好的稿子，配好了幻灯图片，一张一张地进行讲解。一般一次讲一个上午，共讲了七次。不到一年以后，这四十多份稿子就统一由上海交通大学出版社出版了，取名《走进殿堂的中国科学技术史》[8]，于2009年出版。这实是了解中国古代科学技术史的较精练的简史。

《走进殿堂的中国
古代科技史》

3.《社会人文因素对中国古代建筑的影响》

2010 年秋，开始进行《社会人文因素对中国古代建筑的影响》专题。本研究专题大体分三部分：

第一部分　探讨古代哲学思想、伦理观念、礼法制度、文化传统、艺术倾向、生活习俗、宗教信仰中所反映出的有关建筑的观点，并研究这些综合社会意识对这个建筑体系及其基本特征的形成与发展的作用和影响。

第二部分　探讨在儒法结合成为古代社会主流思想后，在礼法制度基础上形成建筑中的等级制度的情况，探讨建筑与礼制结合后的制度化现象对中国古代建筑体系长期延续的作用。

第三部分　分类研究在城市、村镇、各类型建筑群和各类型建筑物中表现出的社会观念和建筑等级制度的影响。

通过分析研究明确下述问题：

（1）在古代建筑中，民间建筑源于生活，是基础，是持续发展的。各朝官式建筑多是将其首都所在地的民间建筑规范化、礼制化并融合前代官式建筑而成，是按朝代分阶段发展的。随着朝代更替和首都易地，民间建筑成就不断吸收进官式建筑建筑中，遂使官式建筑有可能集各时代、不同地区之长，日趋成熟，代表了所属时代较高的建筑水平，并反过来从体制、技术和规范化等方面对民间建筑有所影响。二者相互促进，不断发展。

（2）古人在家庭间强调长幼之序、男女之别、内外之防，在社会上则严格体现君臣、上下、尊卑、贵贱的等级差异。在由官方规定的建筑等级制度影响下对公私建筑的形式、布局、用料、装饰等都有严格的等级规定，是中国古代建筑从住宅至宫殿都采取平面展开的封闭式院落式布局，并有一定差异，不许逾越的重要原因。如建筑外观只有皇宫可用朱色，彩画加金；王以下至高级官员只能用红色，彩画不许用金；一般百姓只能用黑色。在院落布局上只有皇家可将主体建筑置于院落几何中心，其余一律不得这样布置。在正殿、正房的建筑间数上只有帝王可建九间，王可建七间，官员可建五间，一般百姓只能建三间。

（3）因古代的制度因素，中国城市的布点和规划主要是属于政府控制疆域的行政行为，而不是经济因素推动的自由发展所致，故古代中国的城市从政治上至少规定了京都、府、州、县等三至四个等级，各级城市在保持等级差异的情况下，大多轮廓规整，子城和街道布置有定式，较少辐射形或自由布置，建筑间的关系也较易做到协调有序，形成独特的城市规划体系。

（4）古代根据社会需要制定了礼制，据以确定社会中的等级制度，包括建筑的等级和适用范围，反映在历朝官定的营缮制度中对建筑物的形制、规模和建筑群组布局的种种等级限制。建筑的形式和构造一旦与礼制结合，就成为一种体制和定式，进入相对稳定状态，在长期延续的中央集权王朝时期不能轻易改变，这是中国古代建筑体系得以长期延续的重要原因，但同时也是发展缓慢的原因。

（5）受意识形态和实用观点影响，鉴于秦、隋大建宫室导致亡国的历史教训，古代对统治阶级大建宫殿宅第影响民生之举存在一定社会舆论压力。对建筑要求速成、适用而不追求永恒，是中国古代建筑的主流始终沿用木构体系，没有像其他国家那样耗费大量人力建造大型或超大型的永久性砖石结构宫殿、教堂的原因之一。

（6）中国自西周春秋战国以来即出现《周礼·考工记》，按其规定，在建筑中使用模数，延续使用至清代，形成古代独特的建筑设计方法，有利于保持建筑体系的稳定和延续近三千年，除有简化设计、易于速成等优点外，模数的分级适合于体现建筑中的等级制度是重要原因。

经过三年多的研究分析，我完成正文约 20 万字，图纸 252 张，通过了专家的评审鉴定，并同意出版，于 2015 年由中国建筑工业出版社出版。[9]

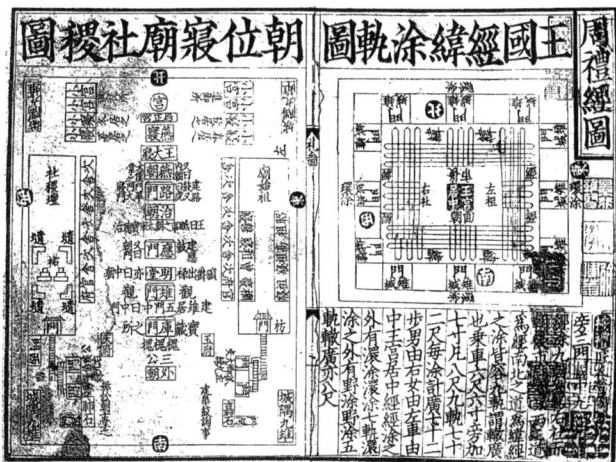

《周礼·考工记》中的《王城图》

《社会人文因素对中国古代建筑形成与发展的影响》

注释

[1]　作为建筑专家，傅熹年参与了一系列城市与建筑遗产保护的
呼吁工作。

1995 年谢辰生、徐苹芳、郑孝燮、罗哲文、傅熹年等几次给
中央写信，建议北京城东方广场项目另行选址，或者降低高
度。1993 年国务院批复《北京城市总体规划》中规定，长安
街允许建部分高层建筑，建筑高度一般控制在 30 米以下，个
别地区控制在 45 米以下。东方广场的原设计和修改方案，
都超过规定限高标准达 20~30 米之多，是违反《城市规划
法》的。而且这一组庞大的建筑体量，将使城市中心偏移破
坏古都风貌。古都风貌的价值是不能再造的，一旦被毁就造
成不可弥补的损失，后果是严重的，因此绝对不能搞"下不
为例"。1989 年全国政协七届一次会议上，28 位政协委员联
名建议采取果断措施加强文物保护的提案。提案建议，一是
请国务院负责同志牵头，召开一次由各有关部门参加的专门
会议研究协商落实国务院文件的精神，使有关部门提出各自
落实国务院文件的具体办法和措施。二是根据相关文件，请
国家文物局促请公检法有关部门尽快集中处理一批走私盗
窃等文物大案要案，对一些罪大恶极的犯罪分子依法处以
极刑。

2002 年 5 月北京第一个历史文化保护区修缮改建试点项目南
池子改造工程启动。2003 年 10 月 18 日，吴良镛、舒乙、梁
从诫、傅熹年等参与联名提出，皇城保护不能学南池子，南
池子的模式有很多值得总结的教训，而不是值得推广的经验，
不能推广到皇城，更不能推广到整个古城区，否则就是拆了
真的古城造一个假的出来。

参见：谢辰生口述，姚远撰写．谢辰生口述：新中国文物事业重大决策纪事［M］．北京：生活·读书·新知三联书店，2018：295，252，316．

（据《中国工程院院士建议》总第 69 期）

2003 年 8 月，周干峙、吴良镛、李道增、马国馨、傅熹年等十人针对原有旧城改造政策的诸多弊端，提出《关于在历史文化名城中停止原有旧城改造政策、不再盲目搞成片改造的建议》，建议立即在历史文化名城中停止继续实行原有旧城改造的政策，将旧城区的成片改造，代之以对传统建筑与历史街区的保护、维修、整治与翻建，努力保持城市的历史风貌和特色。

参见：周干峙，吴良镛，李道增，马国馨，傅熹年，徐匡迪，张锦秋，唐孝炎，钱易，郑孝燮．关于在历史文化名城中停止原有旧城改造政策、不再盲目搞成片改造的建议［C］//中国工程院土木水利与建筑工程学部．我国大型建筑工程设计发展方向——论述与建议．中国土木工程学会，2005：164-165．

2003 年 8 月，对于当前"城镇化"问题的几点认识和建议，吴良镛、周干峙、李道增、马国馨、傅熹年等十人针对不少地方对"城市化"的理解不太准确，提出城市化是工业化过程中伴生的社会现象，城市化和现代化一样，是一个国家社会经济动态发展的长过程。当前有一些误识会影响社会经济的健康发展：1. 以为只要加快城市化就会带来经济发展，过分强调城市化对拉动经济的作用。2. 城市化率不宜作为每个市、县、区的发展指标相互攀比，也不宜在省、区间作为硬指标攀比。3. 城市化率并非越高越好。4. 要防止在"推进城市化"的名义下，大规模圈地，脱离实际地搞大开发区、大市中心、大广场、大金融贸易区、大公共活动中心等，造成巨大的浪费。5. 城市并非越大越好，按照大、中、小并举的方针，在特定地区发展一些大城市、特大城市以至超大城市地区，是符合我国国情的。但不可能所有大城市都要翻番往特大城市以至超大城市方向发展。6. 不能让农村衰落，不能因城市化而忽视了农业和农村的现代化发展和建设。原载于《中国工程院院士建议》总第68期，参见：吴良镛，周干峙，李道增，李京文，马国馨，傅熹年，徐匡迪，唐孝炎，钱易，邹德慈. 对于当前"城镇化"问题的几点认识和建议［C］// 中国工程院土木水利与建筑工程学部. 我国大型建筑工程设计发展方向——论述与建议. 中国土木工程学会，2005：161-163.

2005年7月19日谢辰生和徐苹芳、郑孝燮、傅熹年等11位专家联名给中央领导同志写信，呼吁设立"文化遗产日"，2005年底，国务院以国发〔2005〕42号文件，发布了《关于加强文化遗产保护的通知》，决定从2006年起每年6月第二个星期六为我国的文化遗产日。

参见：谢辰生口述，姚远撰写. 谢辰生口述：新中国文物事业重大决策纪事［M］. 北京：生活·读书·新知三联书店，2018：332-334.

［2］ 郭湖生（1931—2008），教授，河南孟津人。1952年毕业于南京大学建筑系。历任青岛工学院、西安建筑工程学院讲师，南京工学院副教授、教授，国务院学位委员会第二届学科评议组成员。参加编写的《苏州古典园林》1981年获国家科技成果一等奖。著有《中华古都》《中国大百科全书：建筑·园林·城市规划卷》，主编《中国建筑技术史》。

参见：朗崼. 郭湖生［M］// 杨永生，王莉慧编. 建筑史解码人. 北京：中国建筑工业出版社. 2006：171-173.

［3］ 傅熹年指出：郭先生是刘敦桢先生的学生，我们接触较多，对于古城的研究也作过交流。郭先生对古代城市的研究归纳

为战国体系、邺城体系、汴梁体系三个有代表性、转折性的阶段以概括古城的发展进程。提出地方城市制度、宫城与皇城、古代城市的工程技术三方面是目前城市史研究较迫切的任务。他的这些观点具有较强的开创性和导向性，如引起大家的关注和探讨，会有利于推动学科的发展。

参见：傅熹年. 序［M］// 郭湖生. 中华古都. 北京：中国建筑工业出版社，1997.

［4］傅熹年反复学习刘敦桢、梁思成两位大师的文集，总结研究方法和学科研究方向。分别于 1995 年撰写《博大精深 高山仰止——学习〈刘敦桢文集〉的体会》和 1988 年撰写《一代宗师 垂范后学——学习〈梁思成文集〉的体会》。2001 年 4 月撰写《纪念梁思成先生百年诞辰》初稿发表于《梁思成先生百年诞辰纪念文集》。

在研究方法上，梁先生自撰写《清式营造则例》和调查研究独乐寺起，使用的文献与实物互证的方法和王国维考史所用的"二重论证法"一样，也为治建建筑史者奉为圭臬，都是引导学术发展的理论和实际结合的科学方法。

参见：傅熹年. 纪念梁思成先生百年诞辰［M］// 傅熹年建筑史论文选. 天津：百花文艺出版社，2009：470-473.

2007 年撰写《学习〈刘敦桢全集〉的体会》。"全集反映了刘敦桢先生在利用文献考证古代建筑方面作出的贡献。《大壮室笔记》综合早期文献，从建筑学的角度研究两汉时期各类型建筑特点及发展演进过程，把他们和经史中反映出的古代社会情况和典章制度结合起来加以论证，迄今仍是研究两汉建筑的必读之物。"《营造法式校勘记》《鲁班营造正式校读记》《营造法原跋》三篇文章反映了刘敦桢先生在古代建筑技术专著的整理方面所作的开拓性工作和重要贡献。

参见：傅熹年. 学习《刘敦桢全集》的体会［M］// 傅熹年

建筑史论文选. 天津：百花文艺出版社. 2009：474-476.

1998年撰写《陈明达古建筑与雕塑史论文集》序。2002年为清华大学出版社出版的《中国建筑设计研究院成立五十周年纪念丛书——岁月篇》撰写《陈明达先生的学术贡献》，总结陈先生的研究成果和提出今后研究的可能性，为后辈的研究指明方向。"《独乐寺观音阁、山门构图分析》就是着重在《应县木塔》中没有机会深入展开的构图分析上进行探索，在这方面尽心尝试，为中国建筑史研究开拓出一个新的方面，并鼓励后来者在这方面继续努力。""为了探讨《营造法式》在结构设计上的成就，他和混凝土方面的权威专家杜拱辰教授合作，由他归纳《营造法式》中有关条文和数据，杜拱辰教授进行力学分析，共同对北宋时在力学上的成就做出有科学依据的评价。于1977年共同撰文发表。《从营造法式看北宋的力学成就》一文开拓了建筑史研究的新领域。对《营造法式》的研究是陈先生在建筑史研究上最杰出的贡献，提高了我们对古代建筑达到的科学水平的认识。

参见：傅熹年. 陈明达古建筑与雕塑史论文集·序 [M] // 傅熹年建筑史论文选. 天津：百花文艺出版社，2009：477-479.

这是继梁思成先生与蔡方荫先生合作四十年后建筑史学家与结构专家再次合作取得突出成就的又一事例，成为学界佳话，同时也开拓了建筑史的研究领域。

参见：傅熹年. 陈明达 [M] // 杨永生，王莉慧编. 建筑史解码人. 北京：中国建筑工业出版社，2006：60.

2007年10月撰写《中国古代建筑〈蓟县独乐寺〉序》中指出，本报告最值得注意处，除其体现出的将维修方案与保护原则密切结合的努力外，还保存了修缮前的完整历史记录，修缮过程的详尽记录，并附有修缮前的实测图，修缮过程中的构件抽换配补图，修缮中已纠正和未能纠正的实况图等，为此次修缮工作建立了完整的档案，这些内容是重要古建修缮时应有的记录，属于该历史建筑档案不可缺少的重要内容。但此前的报告大多未注意及此，本报告在这方面起了带头作用，很值得在今后工作中借鉴。

参见：傅熹年. 中国古代建筑《蓟县独乐寺》序［M］//傅熹年建筑史论文选. 天津：百花文艺出版社，2009：489-491.

1998年撰写《奋炳烛之明，成一代名著——介绍贺业钜先生撰中国古代城市规划史》对贺先生的研究方法和开拓性成果进行总结。书中提出并论证了在公元前11世纪初步形成一套城市规划体系，这一体系随着社会的演进不断革新和发展，其传统一直延续到封建社会后期的明清两代。这一规划体系的提出为我国城市规划发展史的研究开拓了一个新的领域。

参见：傅熹年. 介绍贺业钜先生撰中国古代城市规划史［M］//傅熹年建筑史论文选. 天津：百花文艺出版社. 2009：480-481.

2003年为中央文史馆写《朱启钤先生——研究中国古代建筑的倡导者和引路人》提到：把研究中国营造史（即建筑史）在微观上于研究事物亦即"实质之营造"相联系，在宏观上与"全部文化史"结合，并提出要重视中外文化交流的影响。在此基础上，他又提出"纵剖"和"横剖"两方面的工作方针。"纵剖"即有史以来，关于营造之史记也，即在文化史——包括政治史、文化史、经济史、工程技术史等方面的基础上，进行建筑通史研究。"横剖"则指地域间的横向联系和影响。在工作方法上，先生最初重视文献和理论与实际结合。认识到在现代科学技术基础上进行研究之必要。……主张营造学社的工作要抢救和记录工匠的口传知识，加以整理研究，与文献比较，形成专著，把前人建筑经验保存下来流传后世。对《营造法式》《清工程工部做法》的研究也只有与实物互证，才能取得深入的认识。

傅熹年评价道：把研究中国古代建筑作为一项专门学术并建立在现代建筑学、美术史学和文献学的基础上，中外学术界公认是自中国营造学社始，也代表了当时的最高水平，而中国营造学社正是朱桂辛创立并自任社长的。桂辛先生对营造学社工作的卓越领导主要体现在他制定研究工作的指导方针和选拔优秀人才两方面。而这正是一位杰出领导人的最重要的品质和最关键的工作。

参见：傅熹年. 朱启钤［M］// 杨永生，王莉慧编. 建筑史解码人. 北京：中国建筑工业出版社，2006：1-3.

[5]　傅熹年指出：通史是建立在丰富史料和各种专门研究基础上的，通过编写建筑通史总结前一阶段工作成果，发现不足和指出新的问题，进而推进对各专门问题做进一步的研究。

参见：傅熹年. 对建筑历史研究工作的认识［M］// 袁镜身主编. 中国建筑设计研究院成立五十周年纪念丛书1952—2002：论文篇. 北京：清华大学出版社，2002：321.

在众多建筑类的通史和专史著述中，无论是对《营造法式》的专门评价和综述，还是以其内容和术语名词为参照的比较和引证，大都立足于宏观层面，总结前一阶段的成果，并给予后来的研究以启迪。……傅熹年主编的《中国科学技术史·建筑卷》等属于术语解读与建筑描述相融合的写作方法。在对照实例解读术语的同时，也运用术语对已经明确的建筑形制等内容进行介绍，对大量古建筑只是作了普及性的解析，为读者认知古建筑的术语提供了帮助。

参见：成丽，王其亨. 宋《营造法式》研究史［M］. 北京：中国建筑工业出版社，2017：171.

傅熹年认为：进行中国古代规划设计原则、方法和规律的研究，最重要、最基本的条件是要有精确的实测图和数据。但是自他开始工作起即受到这方面问题的限制和困扰，有很多颇有研究价值的项目因缺精确图纸和精确数据而只能暂缓或割爱。在当时的工作条件下，以其一己之力进行调查、实测获取资料，在人力财力和时间上的可能性较小，而今依靠公开发表的成果中所呈现的测绘图和基础数据，又会大大限制这项研究的范围和内容。

参见：傅熹年. 中国古代城市建筑群布局及建筑设计方法研究 [M]. 北京：中国建筑工业出版社，2001：208.

限于实物资料和研究深度，傅熹年认为他所获得的认识多是局部的，在时代上尚未完全做到前后贯通以及全面了解古代建筑发展变化进程的程度，如木结构设计方法如何由宋代的材份制发展为清代的斗口制和其间的继承和发展关系就是仍待探讨的重大问题。

参见：傅熹年. 傅熹年建筑史论文选. 天津：百花文艺出版社，2009：472–473.

此外，受图纸和数据的精度、资料代表性等限制，据以得到的推论还只能算是阶段性成果，尚有待取得更多资料进行充实、验证和纠正。

参见：傅熹年. 傅熹年建筑史论文选 [M]. 天津：百花文艺出版社，2009：497–498.

傅熹年还强调指出今后需要扩大范围，在更精密的实测图、更完整的数据基础上作深入的分析研究，更深入、准确地探索中国古代建筑及城市的设计方法和规律。而以《营造法式》为文本基础，进而揭示中国古代建筑设计方法、思想等方面的工作也需要更多的投入，例如实例数据与《营造法式》文本记载尺寸的比较研究等等。

参见：成丽 2009 年 4 月 24 日对傅熹年院士的访谈；成丽，王其亨. 宋《营造法式》研究史 [M]. 中国建筑工业出版社. 2017：224.

[6] 19世纪末英国建筑史家弗莱彻在其所著《比较法建筑史》一书中曾引入有关地理、地质、气候、宗教、社会政治和历史因素对建筑的影响的讨论。20世纪50年代以后，在马克思主义史学的影响下，刘敦桢主编的《中国古代建筑史》一书也加入了各时代社会政治和文化背景的介绍。80年代王世仁关注到中国古代建筑的工程管理问题，使建筑史研究对于社会学问题的关注从宏观的背景深入到了较为具体的建筑和城市空间的生产过程。

参见：赖德霖. 中国近代思想史与建筑史学史［M］. 北京：中国建筑工业出版社，2016：240.

傅熹年的《中国古代建筑工程管理和建筑等级制度研究》根据历史文献探讨建筑的等级制度、工程定额管理、建筑工程管理手段等社会和行政因素对中国古代建筑传统的形成和发展的作用，为现在相关机构专业工作提供历史参考资料。……傅熹年在近年出版的《中国古代工程管理和建筑等级制度研究》一书中，也有涉及《营造法式》的内容，并重点在"《营造法式》所反映的建筑制度""官方编制颁行的营造标准规范"等部分对该书的编修、内容和编制特点等做出讲解，还对《营造法式》与《清工部工程做法》的异同作出比较。

参见：成丽，王其亨. 宋《营造法式》研究史［M］. 北京：中国建筑工业出版社，2017：269.

[7] 本课题对资源紧缺和传统文化背景下的国家标准体系建设，具有一定的现实借鉴意义。课题成果从制度与实践两个方面基本解答了中国古代社会如何进行建筑工程管理这一命题，并从制度与技术两个角度区分建筑等级，属于交叉学科知识创新成果。课题成果不仅揭示了中国古代工程管理与技术进步的良性互相促进关系，阐述了中国古代建筑制度的重要历

史价值和建筑工程管理方面的成就，而且为我国当代社会主义标准体系的建设提供了具有本土和历史意义的借鉴与支撑，在社会效益方面价值突出。

参见：傅熹年，钟晓青. 中国古代建筑工程管理和建筑等级制度研究［J］. 建设科技，2014（Z1）：26-28.

[8] 就《走进殿堂》的目录看，不少标题似曾相识，阅读中却会发现，文中运用了新的研究观点和方法。如"中国古代都城宫殿""中国古代礼制建筑"等有关建筑的内容，这些年由于旅游文化热炒，加上画册、电视的推波助澜，好像大人孩子都能说出点什么。认真阅读《走进殿堂》可知，本书是从更深的层次探讨问题，展示了思维的魅力。在《走进殿堂》中，傅先生用他的观点和方法，分析了以往我们"熟悉"的经典建筑。引导读者用"方格网"重新认识紫禁城的规划。使用方格网为宫院的基准，可便于控制同一宫院中建筑间的尺度、体量和空间关系，以达到主次分明、比例适当、互相衬托的效果，形成统一协调的整体，从而形成令人赞叹的建筑群美。若读者了解了"方格网"，自然会形成新的研究来审视古代建筑。

参见：戴吾三. 古史探新意妙笔著文章——《走进殿堂的中国古代科技史》评介［J］. 中国科技史杂志，2010（2）：224-229.

[9] 梁思成先生所提的建筑显著特征之所以形成的第一个因素"属于实物结构技术之取法及发展者"，基本上是指中国古代建筑的基本特征，历代的渐近式发展和建筑技术与艺术，简单地说，即它是什么样子和怎样建造成的。梁思成先生所提的建筑显著特征之所以形成的第二个因素"缘于环境思想之逐趋向者"共四条，其中前三条都是有关社会人文因素对中国古代建筑发展的影响，正是在这方面影响下，才形成中国古代建筑特征基本稳定的独特建筑体系并且能长期延续。本课题

就是受梁思成先生的启发，对中国古代建筑的这一重要方面进行探讨，以了解中国古代建筑为什么会发展成这样，和影响其向这方面发展的诸多因素。

参见：傅熹年. 社会人文因素对中国古代建筑形成与发展的影响［M］. 北京：中国建筑工业出版社，2015：427.

第七章

秉烛之思

第一节 《营造法式》的整理和研究

自 2014 年至 2016 年间进行《营造法式》整理工作，用现存诸善本分别校勘全文。

《营造法式》是北宋末年官方编制并公开颁布的建筑形制、尺度、等级差异、施工规范、工料定额等，用为工程验收规范，以控制官方建筑工程的质量和工费。它全面反映了北宋时期建筑艺术、技术、施工水平。其内容部分可以上溯唐后期，下延至南宋和元初，是现存最重要的古代建筑典籍之一。在 20 世纪 20 年代被学界重新发现后得到极大重视，先后有石印清钞本[1]和陶兰泉[2]先生木刻本[3]行世。但因年代久远，古本残损，传世各钞本中脱文、误字、误图颇多，各本间也多有差异，给研究工作造成很大困难。刘敦桢先生、梁思成先生、朱启钤先生都对此书进行过校勘、批注。我自 1963 年以来即从事过这项工作，先后抄录到刘敦桢先生批陶本和校故宫藏清钞本、朱启钤先生批陶本等。以后又陆续用国家图书馆藏南宋刊残本、四库全书本、清前期钞本、故宫藏清钞本[4]等进行校勘，积累了一定资料。此次希望在此基础上综合前人成果，进一步进行整理、标点、校勘，校订出一部较接近原貌并反映前辈学者研究成果的文本。

现存重要的《营造法式》文本有：1. 国家图书馆藏南宋绍定（1228—

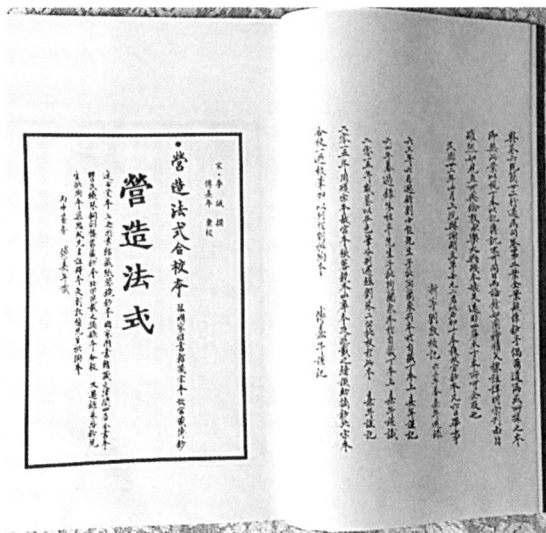

《营造法式合校本》首页[5]

1233年）刊残本三卷半（41叶）。2．明初《永乐大典》本，残存源于南宋绍定本的卷三十四彩画图样一卷。3．国家图书馆藏源于明范钦[6]天一阁传钞南宋绍定本的清《四库全书》本。4．故宫博物院藏清人传抄明钱曾述古堂藏本。5．上海图书馆藏清张蓉镜[7]传抄明钱曾述古堂藏本。此外，在国家图书馆藏北宋人晁补之[8]《续谈助》中摘抄了《营造法式》卷一至八和卷十三、十五共10卷，当是抄自北宋崇宁二年成书后的最早刻本。本专题即据此六种文本对陶本《法式》进行校勘、标点，每一条都注明出处，形成合校本，并附刘敦桢、梁思成、朱启钤诸前辈学者的批注意见。对一些目前尚难有定论者，也尽量列举诸本异同及前辈学者的意见，以供进一步研究参考，希望在此基础上形成一部综合现有传本和前辈学者的研究成果的较完备本子。

此合校本之校注约19000字，已于2016年初结束，为便于读者使用，改为文字排印本，并于2020年由中国建筑工业出版社出版。

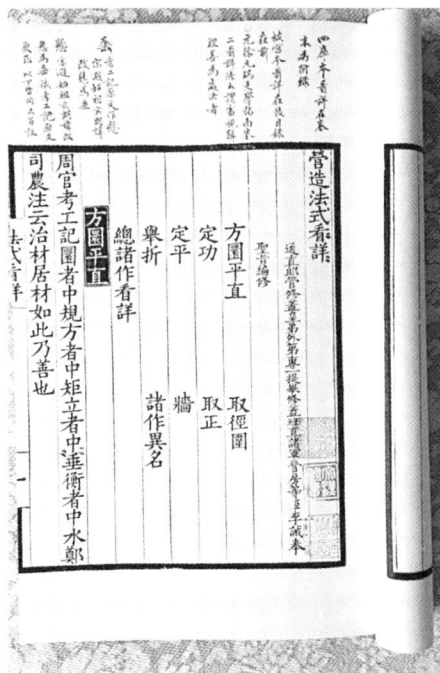

《营造法式合校本》看详　　　　　排印本《营造法式合校本》

第二节　中国古代建筑专题研究

一、中国古代宫殿建筑研究

自 2016 年开始申报进行《中国古代宫殿建筑》专题研究。

在中国古代王朝时期，宫殿是皇帝居住和进行统治之处，是国家的权力中心，也是国家政权和家族皇权在建筑上的体现。汉萧何说宫殿"非壮丽无以重威"，唐骆宾王诗说"不睹皇居壮，安知天子尊"，表明宫殿要以其宏大壮丽表现皇权的巩固和皇帝的无上权威，所以它应是代表一国中最高水平的建筑群。而随着历代各王朝的建立、发展、衰亡和统治方式的变化，历朝宫殿在规模、布局、等级规制上也在发展变化，对中国古代建筑的形成和发展演进起重要作用。

在最初进入王朝时期的夏、商、周三代因年代久远、文献缺失，其宫殿尚有待考古发掘始能了解。进入春秋战国时期，各国都建有都城宫殿，但秦灭六国后，六国都城都被拆毁。秦始皇统一全国后建都咸阳，最后却因过度建宫殿引发民变而亡国，其都城宫殿也全被平毁。这样，秦毁六国宫殿及秦阿房宫被毁遂形成一个拆毁前朝都城宫殿以"灭其王气""绝其复辟之望"的坏传统。自两汉至元朝（24—1420 年）的近一千四百年间，在各王朝更替时，除唐继隋、清继明外，各新建王朝都要拆毁前朝的都城宫殿，并新建自己的都城宫殿。这样，在近两千年间十余个王朝中，只有明朝北京的都城宫殿被清朝继承下来，并加以发展。其余自夏商以来近三千年间各朝的都城宫殿则只能通过考古发掘勘探和文献考证进行研究，探讨其发展进程和特征的形成，这是本专题的主要工作。

本专题前为古代宫殿概说，简述历代宫殿发展概况。其后分十八章介绍夏代至清代的宫殿，其中秦以后部分大都参考了考古工作的成果，并结合文献分析考证，绘制出其平面布置示意图。有些资料较充实且具有代表性的还可绘成复原示意图。如东晋南朝建康宫基本按魏和西晋洛阳宫模式建成，其外朝主殿为太极殿，左右有东堂、西堂与之并列，其后为内廷部分，可以代表南北朝时期宫殿的特点。北朝的北魏洛阳也是在魏晋洛阳宫规制下建成的。但北齐邺南宫在此基础上又有所发展，且遗址保存其外朝内廷两部分，是唯一一座宫殿基址基本整体保存下来之例，可了解其宫殿全貌。其重要特点之一是其东西堂由与太极殿并列改为南移至殿前的左右侧。汴梁北宋宫在汴梁府治改建，受面积限制，外朝二主要殿宇只能左右并列，且正殿大庆殿没有在中轴线上。杭州南宋临安宋行宫中主殿也两座左右并列，由于称"行宫"，故不用庑殿顶，视使用情况临时易名。皇太后所居慈福宫之遗址及史料均完整，可了解其全貌。其后寝使用悬山屋顶为当时特例。这些例证可供了解历朝宫殿在建筑形制和规模上的差异。

对于有较精确平面实测图的还对其布局模数进行探讨，如隋唐洛阳宫方 350 丈，以方 50 丈网格为布置基准。唐大明宫总平面也以方 50 丈网格为布置基准。对于遗址范围较清晰的如元大都遗址，发现其宽为宫城宽之 9 倍，深为宫城深之 5 倍，即都城以宫城为面积模数，而九与五两个数字则反映帝王的"九五之尊"。元大都的宫殿中轴线上前为象征前朝的皇帝之宫大明殿，后为象征内寝的皇后之宫延春阁，两宫之面积完全相等，表示蒙古族帝后并尊的特点，这是中国古代宫殿中唯一孤例，其余都是前朝大于后寝。

对于明清北京紫禁城宫殿，由于实物存在且有精确的实测图，在图上推算，有很多重要发现。

从北京市平面图上分析，发现宫城位于北京城的南北向中轴线上，而宫之正门午门、主殿前三殿、后两宫及北门神武门间形成的南北向轴线与京城之中轴线完全重合，以表明宫城是都城的主体。从宫城平面图上分析，它的中轴线上除前后数重门外，主要建筑群只有代表国家政权的前三殿和代表家族皇权的后两宫两组，其余宫院分列其左右，表明其为宫殿的重心。再进一步在实测图上分析，一个重要的发现是

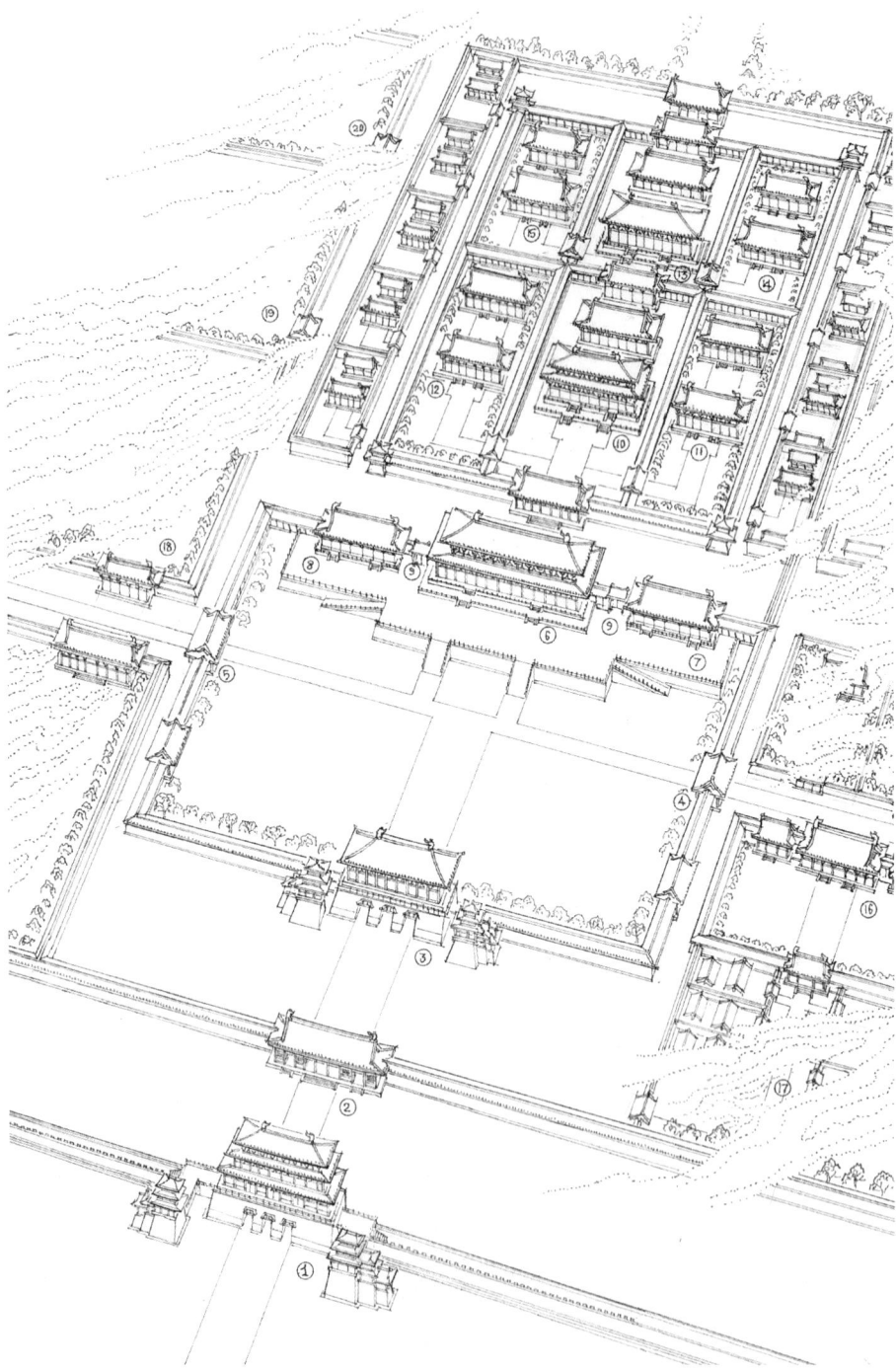

南朝中期建康宫城复原示意图

① 大司马门　② 南止车门　③ 端门　　④ 云龙门　　　⑤ 神虎门　　⑥ 太极殿
⑦ 东堂　　　⑧ 西堂　　　⑨ 阁门　　⑩ 式乾殿（中斋）⑪ 东斋　　　⑫ 西斋
⑬ 显阳殿　　⑭ 含章殿　　⑮ 徽音殿　⑯ 朝堂　　　　⑰ 尚书省　　⑱ 门下省
⑲ 秘阁　　　⑳ 永福省

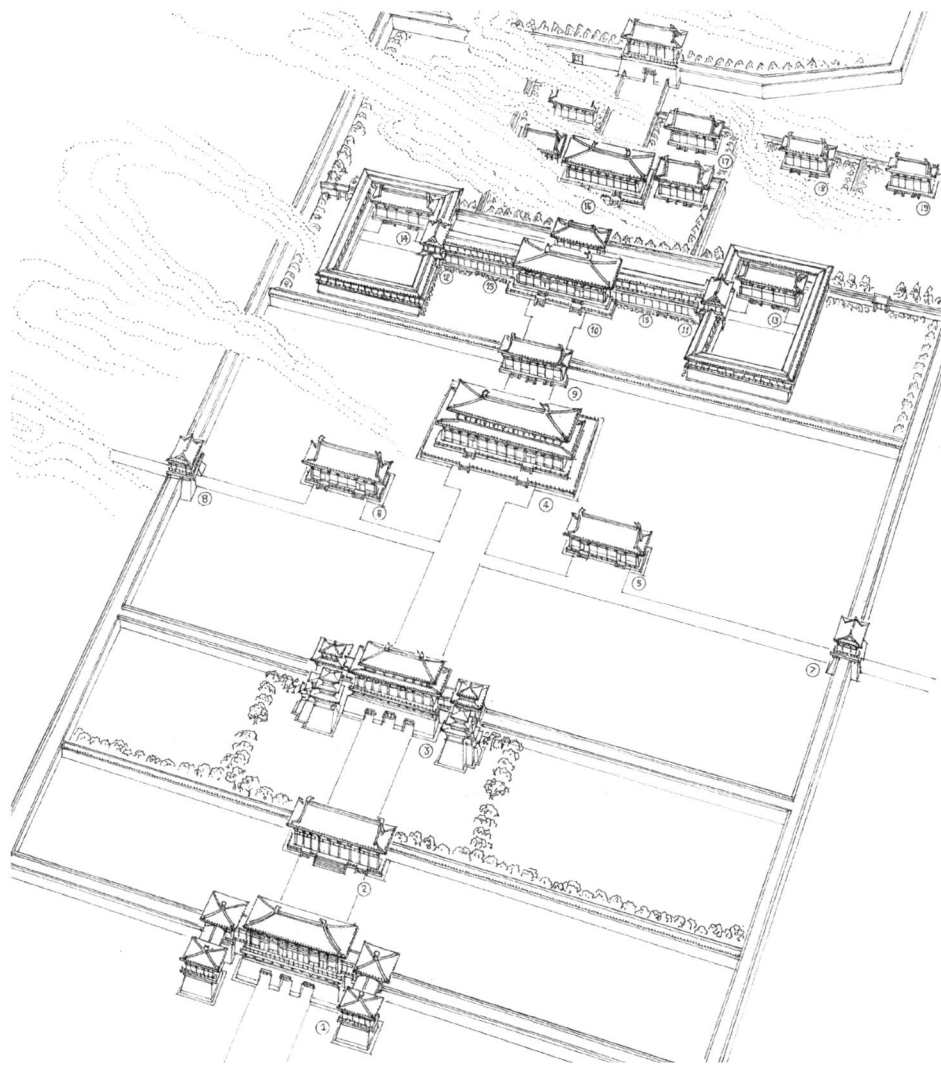

东魏北齐邺南城宫城形象示意图

① 端门　　② 止车门　　③ 阊阖门　　④ 太极殿　　⑤ 东堂
⑥ 西堂　　⑦ 云龙门　　⑧ 神虎门　　⑨ 朱华门　　⑩ 昭阳殿
⑪ 东阁　　⑫ 西阁　　⑬ 含光殿　　⑭ 凉风殿　　⑮ 二重廊
⑯ 显阳殿　　⑰ 镜殿

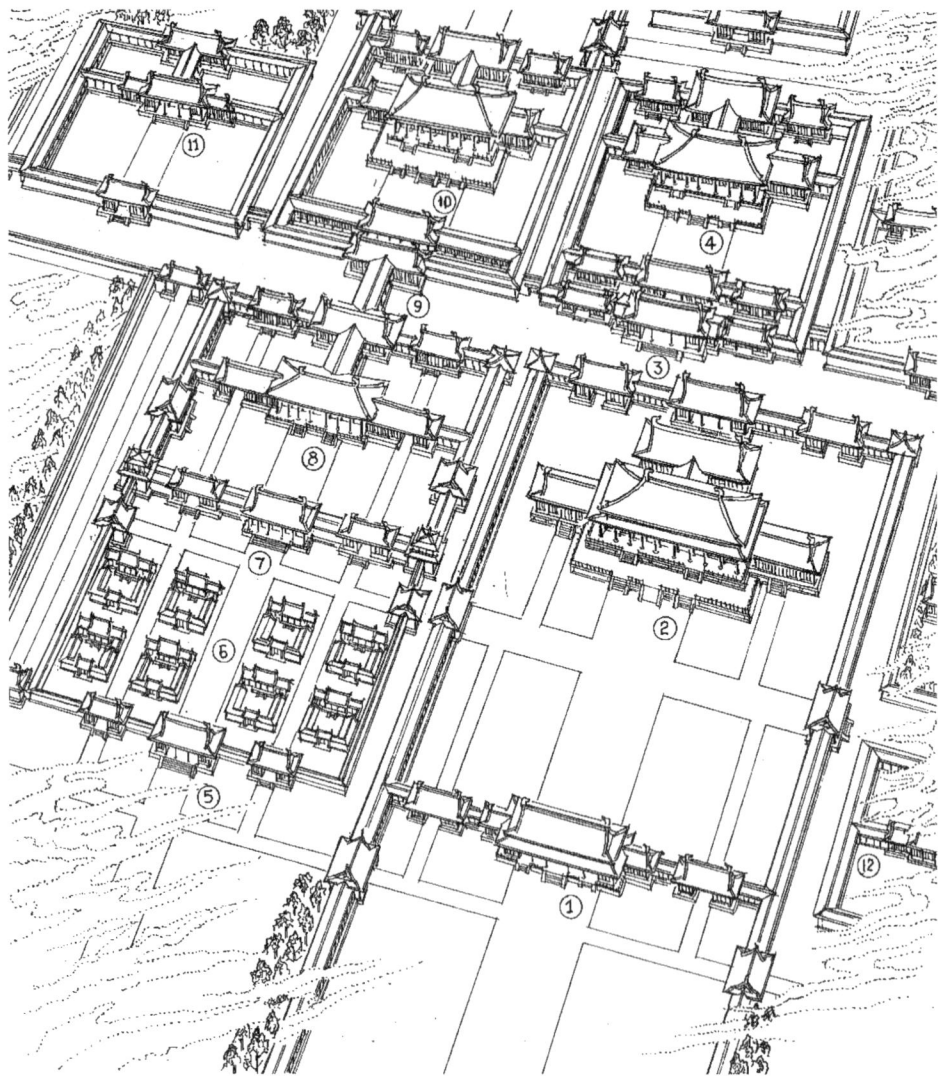

汴梁北宋宫殿主体部分概貌

① 大庆门　　② 大庆殿　　③ 紫宸门　　④ 紫宸殿　　⑤ 端礼门
⑥ 宫内官署　⑦ 文德门　　⑧ 文德殿　　⑨ 垂拱殿门　⑩ 垂拱殿
⑪ 皇仪殿　　⑫ 秘阁

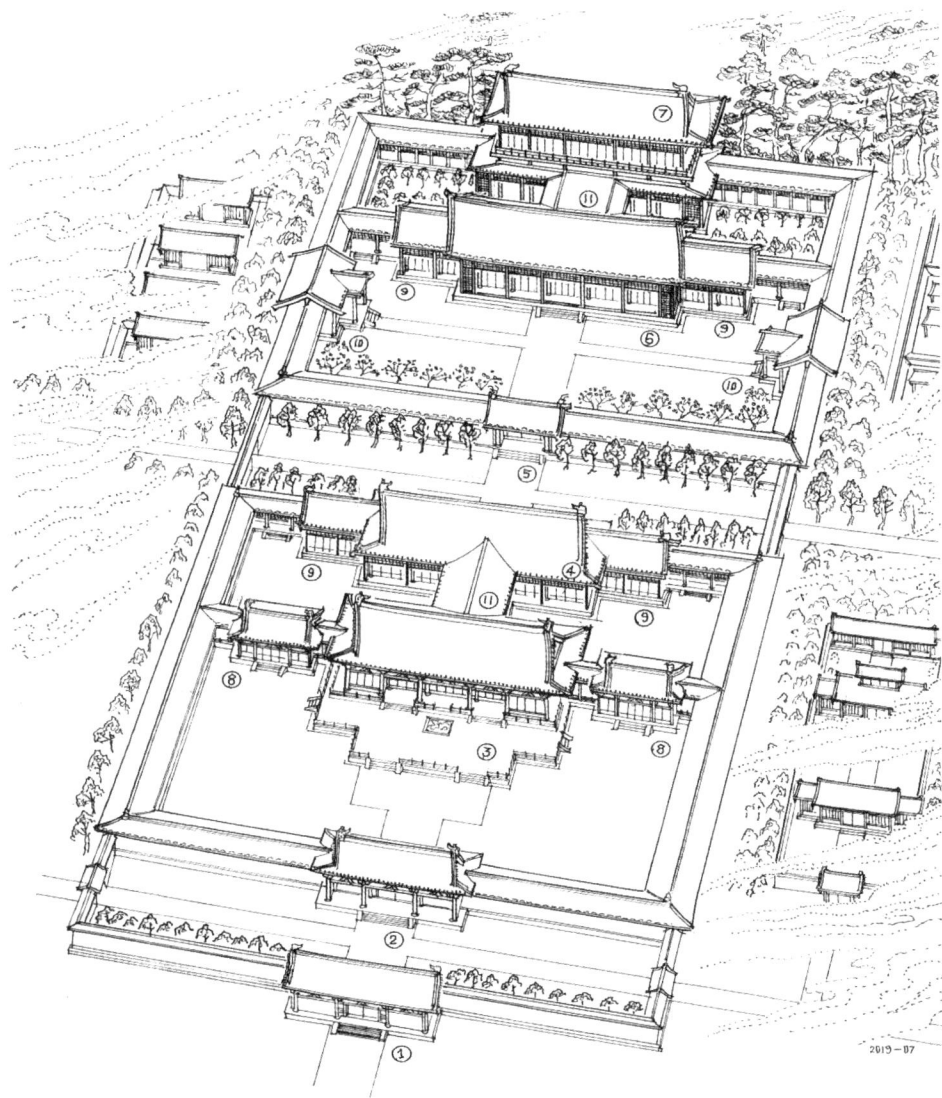

南宋临安慈福宫概貌

① 大门　　② 殿门　　③ 正殿　　④ 寝殿　　⑤ 中门
⑥ 后殿　　⑦ 后楼　　⑧ 朵殿　　⑨ 挟屋　　⑩ 侧堂及龟头屋
⑪ 通廊

宫殿布局以帝后的寝宫后两宫之长宽为面积模数，把后两宫面积扩大四倍即为外朝的前三殿，其东西六宫加上其北部的东西五所形成的二组内廷宫院，每组面积也与后两宫相同。将这种模数关系与1943年由美国飞虎队拍摄的当时北京的航拍照片进行核对，也完全符合。前文已述及后两宫是家族皇权的象征，前三殿是国家政权的象征。把后两宫扩大四倍即为前三殿的政治含义是"家族皇权拓展后即为国家政权"。这是创始于明代而为清代所继承的北京宫殿规划创意。紫禁城宫殿布局的又一特点是实行"择中"原则，即每所宫院内的主殿都位于该宫院地盘的几何中心。在紫禁城实测图上探寻，发现太和殿、乾清宫、奉先殿、斋宫、武英殿、文华殿和东西六宫等二十几所大小不等的宫院中，其主殿都位于宫院的几何中心。这种择中的布置只限于宫殿，最早见于西汉未央宫遗址，其前殿位于全宫的几何中心。在实测图上对隋炀帝在洛阳所建东都宫分析，发现其主殿乾阳殿也位于全宫几何中心。其余各朝因未见宫殿遗址，是否不可知，但在明清紫禁城宫殿出现大量例证，可证明它是宫殿布局通制。一般官署和各级住宅均不得把主建筑布置在地盘中心。在宫院的布置上使用模数网格也是一共同特点。在实测图上分析，发现前三殿用方10丈网格，后两宫用5丈网格。东西六宫及其他较小宫院用方3丈网格。在单体建筑设计方面，除已知的由材分制控制外，还发现在立面整体设计上使用模数方格网。以天安门为例，其城楼为九间重檐歇山顶建筑，下檐柱高19尺。在立面图上分析，发现在面阔九间中，除礼仪和使用需要把门楼明间拓为27尺外，左右各四间之面阔均与下檐柱高相等，形成8个方格。城楼下的墩台高38尺，又恰为下檐柱高的2倍。自门楼东西两端角柱分别至墩台东西端之宽均为95尺，相当于5个下檐柱高。据此可知，除明间按需要拓宽外，其城楼的东西部分的建筑及墩台均以方19尺的方格为模数。与此相似，午门的正楼和太庙前殿等也都以相当于其下檐柱高的方格网为模数。这是在明清宫殿中立面设计的一个特点。

本专题最后为附录，内容主要包括：宫殿之等级制度的形成与发展，历代宫殿在规划方法上的特点和创新，历代宫殿建造时用时、用工情况，历代宫殿的实际规划建造者等部分。本专题于 2019 年末结束，经审批后，已交中国建筑工业出版社出版。

二、《中国古代都城研究》专题

2020 年申报，计划 2023 年完成，目前已完成，待专家学者研究批准后，即可出版。

第三节　建筑表现方法

学习建筑需要学习素描、水彩和建筑渲染图，以便准确控制和描绘建筑形象。在对古建筑进行调研工作过程中，需要做大量写生测绘工作。我将多年调查和研究工作中所作的建筑画先后结集为《古建腾辉》和《古建撷英》两本书，简介如下。

一、《古建腾辉》

调查和研究中国建筑史时，离不开对建筑形象的研究和通过制图来表现，所以我对建筑制图、铅笔和水彩写生、建筑渲染图投入了较大的精力，这也为我在研究工作中形象地表达自己的设想提供了较大的助力。在速写和水彩画方面，我主要学习梁思成先生的风格，而较多的渲染和钢笔绘鸟瞰图则吸收一些中国古画的构图，树石景物也尽可能吸收中国山水画的特点。20 世纪 90 年代末，我从 30 年间所画中外古建筑图纸和写生画中选择了约 130 张编成一册《傅熹年建筑画选》，启功先生戏题名为"古建腾辉"[9]，于 1999 年由中国建筑工业出版社出版。

唐长安大明宫含元殿立面大样图
（1990 年）

唐长安大明宫含元殿内部复原图（1990 年）

麦积山北周藻井写生

古田会议遗址

韶山毛主席旧居

浙江临海江厦街写生

意大利罗马　古罗马提图斯凯旋门

二、《古建撷英》

在 2018 年，承北京出版集团文津出版社关注，将我在各论文及专著中所画建筑史研究资料图和相关写生画中选了 170 幅编为画册，定名为《古建撷英》，于 2019 年出版。因诸图大都在前面介绍各研究项目部分中已收入，故这里即不再录入，以避免重复。

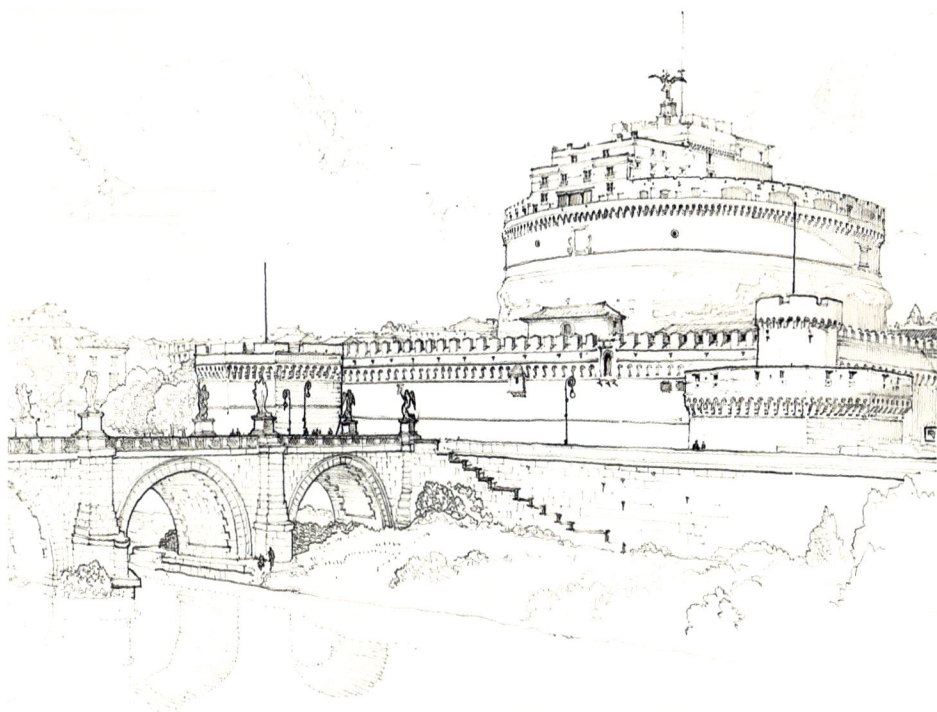

意大利罗马　古罗马哈德良墓

法国 卢瓦尔河畔的王邸商堡

CHATEAU DE CHAMBORD.
1519—1547 A.D.
（法国文生复兴）

注释

[1] 朱启钤先生发现晚清学者丁丙"八千卷楼"所藏钞本《营造法式》后，与江苏省省长齐耀琳协商 1918 年缩付小本石印 7 册，1919 年上海商务印书馆依照原书版式，石印为大本共 8 册。这两种石印本，学界简称"丁本"，或"石印本""朱氏印本"。

参见：成丽，王其亨. 宋《营造法式》研究史［M］. 北京：中国建筑工业出版社，2017：14.

[2] 陶湘（1871—1940），字兰泉，号涉园，江苏武进人。著名藏书家、出版家。藏书 30 万卷，刻印古籍居多，总计约 250 种。目录学著作有《词籍总目提要》等。

参见：申畅等编. 目录学家辞典［M］. 郑州：河南人民出版社，1988.

李玉安，陈传艺编. 中国藏书家辞典［M］. 武汉：湖北教育出版社，1989.

[3] 1920 年左右，《营造法式》陶本参校者之一，时任北洋政府教育总长的傅增湘在清宫内阁大库中发现宋刊本《营造法式》第八卷首页前半和第五页。……1925 年，陶湘将汇校最终成果冠名为"仿宋重刊本李明仲《营造法式》"，世称"陶本"，又称"陶氏仿宋刊本""仿宋本"，是为现代第二种《营造法式》印行本。……傅熹年评价该版本说其代表了中国现代木刻版书籍和版画的最高水平，大字清朗，图样细致精美。

参见：成丽，王其亨. 宋《营造法式》研究史［M］. 北京：中国建筑工业出版社，2017：14，19，24.

[4] 傅熹年评价 1933 年刘、梁参与互校的《营造法式》为现存版本中传抄次数较少的一部，行格版式保持宋本原貌，具备版

本和学术两方面的价值。虽然现存"永乐大典本""四库全书本""故宫本"都源于南宋"绍定本",但"四库全书本"改变了行款版式,而"故宫本"则保留宋末版式,这是"故宫本"在版本方面的重要价值。源于述古堂"故宫本"较传世其他钞本为优,这是他在学术方面的重要价值。

参见:傅熹年. 介绍故宫博物院藏钞本《营造法式》[M] // 傅熹年建筑史论文选. 北京:文物出版社,1998:494.

[5] 《营造法式合校本》系统汇集营造法式重要传世善本、节录本以及诸多前辈大师的批注记录的基础上经过缜密校准,细致注释,证误补缺,该工作不仅展现了诸多前辈大师和傅熹年本人严谨治学的风范,更可为后继相关研究提供客观坚实可信的文本基础,弥补了该领域多年以来的重大缺憾,《营造法式合校本》附录还对所选善本概况和版本源流等展开分析,也为版本持续研究提供了不可多得的参考和指导。自1960年代开始,傅熹年就在《营造法式》版本研究上倾入了大量心血,至今未辍。从其自藏"丁本"上以不同颜色区分来源的各种批注,就可见一斑。1964年,傅熹年还以文津阁"四库本"手校"丁本"一遍。此外,傅熹年在其他相关研究中,涉及《营造法式》也多有校勘工作的体现。傅熹年是自学社之后在版本研究领域坚持时间最长、贡献最突出的学者。

参见:成丽,王其亨.宋《营造法式》研究史[M].北京:中国建筑工业出版社,2017:49-51.

[6] 范钦(1506—1585),字尧卿,号东明,浙江鄞县(今宁波市鄞州区)人。明代著名藏书家,中国现存最古老的藏书楼——天一阁的主人。

[7] 张蓉镜(1802—?),字芙川,一字伯元,小名长恩,江苏常熟人,清代藏书家。

[8] 晁补之(1053—1110),字无咎,号归来子,济州钜野(今山

东巨野）人，北宋时期著名文学家，"苏门四学士"（另有北宋诗人黄庭坚、秦观、张耒）之一。著有《鸡肋集》《晁氏琴趣外篇》等。

[9] 《古建腾辉》是从傅熹年先生大量建筑画作中遴选出的精品。傅先生长期从事中国古建筑的研究，且精于绘画。他的画风严谨简练，雅丽兼备，赋形准确，一丝不苟。特别是他的铅笔画、钢笔画，继承了梁思成先生运笔特色并兼有中国传统楼台界画的余韵，具有鲜明的个性。《古建腾辉》收入渲染图、水彩画、钢笔画和铅笔画共139幅，可供广大读者欣赏、学习和收藏。

生平年表

1933 年　癸酉

1 月 2 日（夏历壬申年十二月七日）生于北平（今北京）。

1938 年　己卯　6 岁

入北京师范学校附属小学。

1945 年　乙酉　12 岁

小学毕业。9 月，考入北京市第三中学初中部。课余随祖父检书，开始对古籍版本有兴趣。

1948 年　戊子　15 岁

初中毕业，考入北京河北高中。课余仍随祖父检书及其拟捐北图之手校书。

1949 年　己丑　16 岁

1 月，北平解放（后改名北京）。7 月，加入青年团。10 月 20 日祖父逝世（夏历九月十三日），享年 78 岁。

1951 年　辛卯　18 岁

是年夏高中毕业，考入清华大学营建系。课余接触书画鉴定权威专家张珩、启功、徐邦达诸位先生，承他们教导，对中国古代书画兴趣日浓。

1952 年　壬辰　19 岁

在清华大学营建系读书。上半年院系调整，本系停课，从事建校工程。

1953 年　癸巳　20 岁

在清华大学营建系读书。

1954 年　甲午　21 岁

在清华大学营建系读书。

1955 年　乙未　22 岁

在清华大学营建系读书。四年间周末返家研究古籍版本并向张珩、启功、徐邦达先生学习古书画史及鉴定，极有收获。

1956 年　丙申　23 岁

2 月毕业（因建校延误半年）分配至哈尔滨中国科学院土木建筑研究所工作。10 月，调回北京，在中国科学院土木建筑研究所与清华大学建筑系合办之建筑历史研究室工作。秋 10 月，随刘致平先生去西安看汉辟雍遗址，归途纵贯山西，观山西诸著名古建筑，于古建筑始有较具体认识。归后与同学杨鸿勋合写应县木塔文章，发表于《建筑学报》。同年，余之毕业设计亦发表于《建筑学报》。

1957 年　丁酉　24 岁

年初梁先生确定研究专题为《北京近百年建筑研究》，选定王其明、虞黎鸿及余三人为助手。写《永乐宫壁画》及《记北京一个花园》二文，发表于当年《文物参考数据》。

《记北京一个花园》所记为先祖藏园的情况。

1958 年　戊戌 25 岁

1 月，被清华大学建筑系划为右派。清华大学建筑系撤销建筑历史研究室，余转至建筑工程部建筑科学研究院建筑历史研究室工作。参加编《北京古建筑》图录。

1959 年　己亥 26 岁

3 月，去南口建筑工程部农场劳动改造，放牛、养猪。是年抽暇私下读《资治通鉴》一过，并精读《营造法式》。

1960 年　庚子 27 岁

仍在南口农场劳动。至十月中摘右派帽，即重回建筑科学研究院建筑历史研究室上班，为技术员。

1961 年　辛丑 28 岁

5 月，去杭州参加浙江民居调研工作，赴当地调查测绘杭州、湖州、东阳等地民居。8 月返京。9 月 9 日与李良娱结婚。10 月初赴温州等地调查测绘，年底返京。

1962 年　壬寅 29 岁

上半年整理编写《浙江民居》。6 月 22 日长女傅苓出生。8 月，赴上海展览浙江民居成果。9 月后赴南京为刘敦桢先生主编之《中国古代建筑史》画图。父亲命余摘录祖父日记中有关学术活动、版本校勘、访书、购书等事迹，缩编为《藏园日记钞》，时间自辛酉（1921）至甲申（1944）止，至 1965 年摘录初毕，装订成二册。

1963 年　癸卯　30 岁

《浙江民居》专题完成，5 月赴杭州、上海展出成果。6 月在南京为刘先生画图。过录刘先生校故宫本《营造法式》及批陶本法式，开始业余研究《营造法式》。试作唐大明宫麟德殿复原，并撰文与刘致平先生共署名发表于《考古》。秋季参加福建民居调查，赴闽东、闽南、闽西各地调查测绘。

1964 年　甲辰　31 岁

春季在京整理福建民居资料。2 月 15 日次女傅萱出生。抽暇收集资料撰写对展子虔《游春图》、顾闳中《韩熙载夜宴图》、唐人金碧山水时代质疑之文章，供编建筑史使用。五月，调查承德避暑山庄及外八庙。在南京工学院协助刘敦桢先生工作。抽暇进行唐大明宫含元殿及玄武门复原研究。调查闽东、闽西、闽南等地民居及古建筑。初冬，紧急奉调返京，参加"四清"运动。

1965 年　乙巳　32 岁

建研院"四清"运动结束，建筑历史研究室接受批判。随后即解散建筑历史研究室。因梁思成先生、刘敦桢先生特别向院方进言，得以保留专业暂留本院。临时借调往文物出版社工作。

1966 年　丙午　33 岁

上半年在文物出版社工作。下半年"文化大革命"开始，8 月，红卫兵抄家，扫地出门。余自文物出版社返回建筑科学研究院参加运动，安排至锅炉房劳动。

1967 年　丁未　34 岁

在建筑科学研究院为锅炉工和水暖维修工。时与启功先生为近邻，工余多往请教，对学习中国古代书画史极有收获。

1968 年　戊申　35 岁

仍为锅炉工和水暖维修工，下半年开始"清理阶级队伍"，集中学习。

1969 年　己酉　36 岁

上半年"清理阶级队伍"结束，仍为勤杂工。7 月末全院下放到河南修武五七干校从事农业劳动。

1970 年　庚戌　37 岁

上半年在干校从事农业劳动。强劳动造成腰椎间盘突出，成为终生顽疾。九月后被分配至甘肃天水国家建委七局五公司，分在设计科研组。进行配制沥青油膏、试制环氧耐酸地坪工作等。

1971 年　辛亥　38 岁

在天水国家建委七局五公司工作。

1972 年　壬子　39 岁

6 月，文物局为修缮麦积山石窟，借调余协助工作，得以全面调研石窟。是年秋，文物局借调余返京参加出国文物展览会制图工作，绘制供出国展览用图。

1973 年　癸丑　40 岁

上半年在出国文物展览会工作。写成《唐长安大明宫含元殿原状的探讨》一文，发表于本年《文物》7 期。下半年转借至中国历史博物馆绘图。冬季返回天水。

1974 年　甲寅　41 岁

3 月 23 日父亲去世，享年 69 岁，即奔丧返家。返天水后，6 月初，汉简整理组又借调余返京临摹新出土汉简。是冬，祖父遗稿退还，余即在业余开始整理遗稿。先整理《藏园群书经眼录》。

1975 年　乙卯　42 岁

年初建筑工程部决定调余回建筑科学研究院工作，于 3 月 5 日报到，在情报所历史组工作。任务为编《中国古建筑》、《新中国建筑》二图录。在北京及赴山西、陕西、苏州等地调查拍照。抽暇写成《麦积山石窟中所反映出的北朝建筑》，发表于《文物资料丛刊》第四期。业余整理《藏园群书经眼录》。

1976 年　丙辰　43 岁

又借调临摹汉简，10 月后始返院。年末赴福建、广东、广西调查古建筑。业余整理《藏园群书经眼录》。

1977 年　丁巳　44 岁

为编写《中国古建筑》大型画册，至广东、福建等地调研拍照。撰成《唐长安大明宫玄武门及重玄门复原研究》，发表于本年《考古学报》2 期。撰《唐长安明德门原状的探讨》，发表于是年《考古》6 期。

1978 年　戊午　45 岁

3 月 10 日，母亲去世，享年 67 岁。是冬被定为工程师。研究河北平山战国中山王𰀲墓遗址。调查山西繁峙岩山寺南殿及其中金代壁画。增补完成《关于展子虔游春图年代的探讨》一文，发表于本年《文物》11 期。业余整理编定《藏园群书经眼录》。

1979 年　己未　46 岁

是年清华大学建筑系为余"改正"右派问题。经组织交涉，始承认并无其他错误。撰《北京法源寺的建筑》，并绘复原图，发表于《法源寺》画册。参观、调查周原周代建筑遗址，并进行研究。秋赴安徽徽州、九华山、黄山等地调研古建筑及民居。

1980 年　庚申　47 岁

整理编定《藏园群书经眼录》基本完毕，交中华书局出版。参加《中国大百科全书·城市·建筑·园林》卷中古建筑部分编辑工作。赴陕西岐山调查研究新发现的西周建筑遗址。撰《战国中山王𰀲墓出土的〈兆域图〉及其所反映出的陵园规制》，发表于本年《考古学报》1 期。

1981 年　辛酉　48 岁

业余整理父亲遗稿，代父编撰玉器研究专著。业余开始整理祖父《藏园群书题记》文稿。是年撰《陕西岐山凤雏西周建筑遗址初探》、《陕西扶风召陈西周建筑遗址初探》二文，发表于本年《文物》1、3 期。撰《王希孟千里江山图中的北宋建筑》，发表于本年《故宫博物院院刊》4期。撰《福建的几座宋代建筑及其与日本镰仓大佛样建筑的关系》发表于本年《建筑学报》4期。1975年撰成的《麦积山石窟中所反映出的北朝建筑》发表于本年出版的《文物资料丛刊》第四期。

1982年　壬戌　49岁

主编新的《北京古建筑》图录，大量收集史料并拍照，撰成前言《北京古代建筑概述》，于1986年编成，由文物出版社出版。撰成《山西省繁峙县岩山寺南殿金代壁画中所绘建筑的初步分析》，发表于本所《建筑历史研究》一期。

1983年　癸亥　50岁

是年，单位改组为中国建筑技术研究院建筑历史研究所。3月，祖父遗著《藏园群书经眼录》由中华书局出版。是冬，被聘为国务院古籍整理出版规划小组组员。是年职称提为副研究员级高级建筑师。受聘为文物局全国书画鉴定小组组员，参加对全国公藏书画的鉴定工作。9月至11月，鉴定在京单位之藏品。开始整理编辑祖父订补《郘亭知见传本书目》。撰成《论几幅传为李思训画派金碧山水的绘制时代》，发表于本年《文物》11期。为美国华美协进社举办之中国建筑展览会撰《中国古代建筑概说》，在美国发表。

1984年　甲子　51岁

3月至7月、9月至11月鉴定故宫藏书画。5月，经夏鼐先生推荐，由香港中华书局出版父亲玉器专著《古玉精英》。是年编成《北京古建筑》图册，并撰《北京古代建筑概述》，于 1986 年出版。为佛协撰《中国早期佛教建筑布局演变及殿内像设的布置》。

1985 年　乙丑 52 岁

开始研究明代宫殿、坛庙的规划手法，撰成初稿。4 月至 6 月、10 月至次年 1 月鉴定上海博物馆藏品。任《中国美术全集·绘画编·两宋绘画》上卷主编，撰写《北宋辽金绘画艺术》。

1986 年　丙寅 53 岁

是年鉴定上海、江苏各博物馆藏品。文物局成立国家文物鉴定委员会，余为常务委员之一。是年撰《五台山佛光寺建筑》，发表于同年院刊英文版。任《中国美术全集·绘画编·两宋绘画》下卷主编，撰写《南宋时期的绘画艺术》。

1987 年　丁卯 54 岁

3 月至 5 月，鉴定浙江、安徽二省藏品，同时完成《古玉精英》整理编辑工作。10 月 15 日起赴美考查各博物馆、图书馆藏中国书画、玉器、古籍及美国现代新建筑。并在普林斯顿大学等高校介绍中国古代建筑之规划设计特点与成就。是年职称提为研究员。余担任五卷本《中国古代建筑史》第二卷魏晋南北朝隋唐五代部分主编。是年撰《唐代隧道型墓的形制构造和所反映出的地上宫室》，发表于《文物与考古论集》。任《中国美术全集·绘画编·元代绘画》卷主编，撰写《元代的绘画艺术》。

1988 年　戊辰　55 岁

被推选为七届全国政协委员。获得人事部有突出贡献中青年专家证书。5 月至 8 月在山东、辽宁进行书画鉴定。11 月至 12 月在福建、广东进行鉴定。秋 10 月，赴天水、兰州、敦煌调查，为编写建筑史收集资料。撰《访美所见我国善本书籍简记》，发表于《书品》。撰《一代宗师垂范后学——学习梁思成文集的体会》。

1989 年　己巳　56 岁

全年撰写魏晋至五代建筑史。5 月至四川进行书画鉴定。至此，鉴定全国公藏书画工作告一段落。10 月，父亲遗著《古玉精英》由香港中华书局出版。主持《中国古代建筑史》第二卷编写工作。10 月去西安、敦煌等地收集资料。

1990 年　庚午　57 岁

全年撰写《中国古代建筑史》第二卷。进行日本奈良文化村仿建唐含元殿设计工作。10 月，赴日研讨设计方案，并考查奈良、京都等地日本古建筑，收集资料，起草论文。又赴东京静嘉堂看中国善本古籍。是年获得政府特殊津贴。

1991 年　辛未　58 岁

全年写建筑史第二卷。进行元大都宫殿复原方案设计。下半年进行美国加州文艺复兴村中国古典家具博物馆设计。是年撰《元人绘百尺梧桐轩图研究》，发表于《文物》。撰《参观静嘉堂文库札记》，发表于同年《书品》。

1992 年　壬申　59 岁

续写建筑史。4 月下旬，赴美研讨中国古典家具博物馆设计方案，并参观美国加州建筑。是年撰《日本飞鸟、奈良时期建筑中所反映出的中国南北朝、隋、唐建筑特点》，发表于当年《文物》10 期。撰《静江府修筑城池图简析》《关于明代宫殿坛庙等大建筑群总体规划手法的初步探讨》发表于本所编印之《建筑历史研究》第三辑。自父亲藏玉中再选二百余件编为《古玉掇英》，仍交香港中华书局出版。

1993 年　癸酉　60 岁

是年祖父遗著《藏园订补郘亭知见传本书目》由中华书局影印出版。撰《元大都大内宫殿的复原研究》，发表于当年《考古学报》1 期。撰《访美所见中国古代名画札记》，发表于当年《文物》3、4 期。

1994 年　甲戌　61 岁

1 月，写《中国古代建筑概说》。6 月，中国工程院成立，余被选为首批院士，在土木水利建筑学部。《中国古代建筑史》第二卷全部完成交稿。

1995 年　乙亥　62 岁

交香港中华书局之《古玉掇英》出版。10 月初，祖父《藏园诗笺册》及《藏园游记》均出版，至此，祖父、父亲遗著已基本出版。10 月，正式批准进行《中国古代城市规划、建筑群布局及建筑设计方法研究》专题研究。撰《隋唐长安洛阳城规划手法的探讨》，发表于当年《文物》3 期。撰《博大精深、高山仰止——学习刘敦桢文集的体会》一文。是年参加中国工程院道德委员会工作。春,去牛河梁看红山文化遗址。10月,去杭州,看良渚遗址及南宋太庙址。12月初,去扬州看宋城遗址。

1996 年 丙子 63 岁

全年进行《中国古代城市规划、建筑群布局及建筑设计方法研究》专题研究。2月,进行新郑黄帝大宗庙设计。4月去开封开规划会,顺便看繁塔等古建筑。7月,去西安、延安。8月去福州、福清。9至11月,随启功、王世襄二先生赴香港,然后转赴美、英、法进行文物考查。撰《记顾铁符先生复原的马王堆三号墓帛书中的小城图》,发表于当年《文物》6期。

1997 年 丁丑 64 岁

全年进行《中国古代城市规划、建筑群布局及建筑设计方法研究》专题研究。4月初赴武夷山考查。6月,赴宁波、普陀考查。8月,人事部欲调余去故宫,婉谢之。10月中旬,赴云南考查,去石林、西双版纳、思茅等地。参考发掘报告,撰成《对含元殿遗址及其原状的再探讨》,发表于《文物》1998年4期。撰《明代宫殿坛庙等大建筑群总体规划手法的特点》发表于本年工程院所编之《工程科技前沿》。

1998 年 戊寅 65 岁

全年进行《方法研究》专题。6月,被选为工程院主席团成员。1月,去广州考查南越王官署。7月,参加国家大剧院方案评审会。《傅熹年建筑史论文集》由文物出版社出版。撰《中国古代建筑画》、《对含元殿遗址及其原状的再探讨》先后发表于本年《文物》3、4期。

1999 年　己卯　66 岁

全年进行《中国古代城市规划、建筑群布局及建筑设计方法研究》专题研究。9 月 22 日赴港，应邀考查其旧建筑。11 月 5 日起去太原、朔县、应县、大同看古建筑。12 月，赴美参加大都会博物馆之中国书画研讨会。建筑画选《古建腾辉》由中国建筑工业出版社出版。《傅熹年书画鉴定集》由河南美术出版社出版。撰《中国古代院落布置手法初探》、《试论唐至明官式建筑发展的脉络及其与地方传统的关系》，先后发表于本年《文物》3 期、10 期。

2000 年　庚辰　67 岁

全年进行《中国古代城市规划、建筑群布局及建筑设计方法研究》专题的撰写及制图。2 月，写《学术研究与艺术鉴赏的完美结合——读启功先生艺术史及书画鉴定论著的体会》；3 月末，赴上海参加翁氏世藏善本入藏上海之事，交接仪式上余谈该批书之学术价值，写《常熟翁氏世藏善本序言》。5 月，赴应县，参加佛宫寺塔保护维修研讨会。7 月至 8 月，参加清华建筑学院所组织之赴法、德、西班牙、意大利参观团。9 月 12 日中秋节，晚登天安门赏月，北京市专为两院院士设也。10 月，参加工程院主持之乾陵现状及保护工作咨询会，根据地质专业院士意见，否定了陕西提出之抢救发掘乾陵建议。因不同意国家大剧院圆顶方案，退出大剧院评审组。

2001 年　辛巳　68 岁

《中国古代城市规划、建筑群布局及建筑设计方法研究》出版。5 月，赴华安、永定、考查各地土楼，讨论其保护、开发规划方案。7月上旬随政协团队去敦煌、嘉峪关、武威、张掖考查。9月开始起草《中国历史建筑遗产保护问题》论文。11月，赴俄国，参加其建筑科学院召开之建筑遗产保护研讨会，宣读该论文。顺访彼得堡、沙皇村及哥札尔斯克修道院等地。本年撰有《中国古代建筑外观设计手法初探》、《中国历史建筑遗产保护问题》、《纪念梁思成先生百年诞辰》、《深厚的传统文化修养与书画艺术的完美结合——庆祝启功先生书画集出版》等论文。受聘为国家图书馆顾问。

2002 年　壬午　69 岁

《中国古代建筑史》第二卷魏晋南北朝隋唐五代部分出版。2月，赴土耳其、希腊、埃及参观古代建筑及文物。撰写《古文献及其中的建筑史料》。6月，工程院改选，余退出主席团，被选为土木水利建筑学部副主任。6月，至太原参加应县木塔保护维修方案评议会。8月，赴哈尔滨，考查阿城金代工字殿遗址及金上京遗址。本年所撰论文有《宋式建筑构架的特点与减柱问题》《中国历史建筑遗产保护面面观》《对建筑历史研究工作的认识》。

2003 年　癸未　70 岁

余所写《中国古代建筑史》第二卷评为院科技进步一等奖。撰日本静嘉堂文库库长米山寅太郎先生《中国印刷史》序。3月，赴广州参加南粤王址保护规划会。4月初，将《营造法式》录入计算机。8月受聘为中央文史研究馆馆员。9月，《方法》专题得华夏科技进步一等奖。10月末，去广州看南汉王墓。11月，写介绍王世襄先生学术成就文。12月，与自然科学史研究所签撰写《中国科学技术史·建筑卷》合同。

2004 年　甲申　71 岁

1 月，获得本院之戴念慈奖，即以奖金捐回戴念慈基金会。赴杭州参加良渚文化保护会。为市设计院写介绍张镈先生测绘紫禁城宫殿之文。复旦选编之《古建筑十讲》出版。8 月，参加中央文史馆赴荷兰报谢王世襄先生获亲王奖之事。9 月，应文史馆之约，写纪念朱启钤先生文字。12 月赴大同，参加云冈窟檐问题研讨会。

2005 年　乙酉　72 岁

全年写《中国科学技术史·建筑卷》。广查文献，收获颇多。6 月，参加最高科技奖初评，介绍吴良镛先生成就。本年开始参加首都规划委员会方案评审工作。8 月开国家文物鉴定委员会会议，因主任委员启功先生去世，补选余为主任委员，峻辞不获，只得愧受。

2006 年　丙戌　73 岁

全年续写《中国科学技术史·建筑卷》。写《新印陶湘仿宋刻本营造法式介绍》。5 月参加《中华大典》会。整理拟出版之《傅熹年建筑史论文选》文稿交百花出版社。11 月，参加中央文史馆之文化考查团赴德、奥、意三国考查。

2007 年　丁亥　74 岁

《中国科学技术史》年底撰成交稿。编写《北京近代建筑》以纪念梁思成先生（2008 年出版）。接受建设部下达之任务，开展《古代工程管理和建筑等级制度研究》专题。

2008 年　戊子　75 岁

全年进行《古代工程管理和建筑等级制度研究》专题研

究。4月，写《介绍故宫博物院藏钞本营造法式》。5月，赴奥地利、捷克、德国参观古代和近现代建筑，共11日。10月4日起为中央领导同志介绍古代建筑史，共六次，其文收入《走进殿堂的中国科学技术史》中。又讲《中国古代绘画》、《中国古代书法》二次。《中国科学技术史·建筑卷》出版，获本院特等奖。

2009年　己丑　76岁

《傅熹年建筑史论文选》由百花出版社出版。继续进行《古代工程管理和建筑等级制度研究》专题。参加中华人民共和国成立六十年游行观礼。

2010年　庚寅　77岁

5月，《古代工程管理和建筑等级制度研究》专题基本完成交标准定额司审定。4月，赴武当山考察道教建筑。8月26日，在家族纠纷经法律解决后，以依法归属余兄弟姐妹五人所有的祖父书籍文物及祖父赠余之善本书籍、文物4922件捐国家图书馆永久保存。11月，开始进行《社会人文因素对中国古代建筑的影响》专题。

2011年　辛卯　78岁

进行《社会人文因素对中国古代建筑的影响》专题研究，收集文献史料。校改增补《古代工程管理和建筑等级制度研究》专题，交付出版。4月参加纪念梁思成先生101岁诞辰纪念会。8月，随文史馆去北戴河、山海关考查。12月26日妻子李良娱逝世，享年78岁。

2012年　壬辰　79岁

继续进行《社会人文因素对中国古代建筑的影响》专题。

《古代工程管理和建筑等级制度研究》出版。增补《学术研究与艺术鉴赏的完美结合》论文纪念启功先生百岁诞辰，发表于《中华书画家》2012 年特刊。3 月末，随文史馆去海南岛，8 月去青岛。

2013 年　癸巳　80 岁

继续进行《社会人文因素对中国古代建筑的影响》专题。整理文稿，配入图纸。再全面审读，增删图文颇多，至年终尚未毕。确定申报来年专题为《营造法式校勘及研究》。《古代工程管理和建筑等级制度研究》获本年华夏科技进步奖一等奖。

2014 年　甲午　81 岁

《社会人文因素对中国古代建筑的影响》专题，交付出版。开始进行《营造法式的校勘与研究》专题研究，用现存诸善本分别勘全文。8 月，随文史馆去伊春。应工程院要求，撰写自传交院方。

2015 年　乙未　82 岁

全年进行《营造法式的校勘与研究》专题研究。用五种善本校陶本，以五色笔区分，并过录刘批陶本、刘校故宫本、朱批陶本、梁先生注释于陶本，形成工作底本，再据以录入排字本，形成合校本。《社会人文因素对中国古代建筑的影响》专题出版后院内评为特等奖。

2016 年　丙申　83 岁

全年主要进行《营造法式的校勘与研究》专题研究。通过互校，探讨现存各本之间有无传钞关系，更改误字，补入缺文，探讨宋代原本的面貌。具体做法是以一部陶刻本为底本，用现存各善本对其校勘，我据各本所校字分别使用黄、粉红、朱等不同颜色，并在其上加朱圈。此外对前辈校勘评议也分另用红、蓝、绿笔，以便区分，最后形成一部工作校本。在此基础上另行排字，形成正式的合校本。此工作即全年的主要工作。延至第二年上半年完成交稿出版。

2017 年　丁酉　84 岁

下半年起进行中国古代宫殿建筑研究专题，大量下载文献收集史料，自己写文章中收集历代宫殿资料，先自唐以前开始。

2018 年　戊戌　85 岁

全年进行中国古代宫殿建筑专题研究。

2019 年　己亥　86 岁

全年进行中国古代宫殿建筑专题研究。

2020 年　庚子　87 岁

上半年进行中国古代宫殿建筑研究专题，结稿交出版社出版。

2021 年　辛丑　88 岁

全年进行中国古代都城建筑研究专题。开始修订交工程院之自传稿。

2022 年　壬寅　89 岁

《中国古代宫殿》一书出版，全年进行中国古代都城建筑研究。考虑新专题。继续修订自传稿。

2023 年　癸卯　90 岁

附录

一、论文目录

1. 建筑史研究论文（57篇）

文前加 ※ 者已收入文物出版社 1998 年版《傅熹年建筑史论文集》中。

文前加□者已收入百花文艺出版社 2009 年版《傅熹年建筑史论文选》中。

《记北京的一个花园》 首次发表于《文物》1957 年 7 期，记祖父旧宅中的藏园。

※ 《麟德殿复原的初步研究》（与刘致平先生合写）初稿发表于《考古》1963 年 7 期。

※ 《唐长安大明宫含元殿原状的探讨》 初稿发表于《文物》1973 年 7 期。

※ 《唐长安大明宫玄武门及重玄门复原研究》 初稿发表于《考古学报》1977 年 2 期。

《唐长安明德门原状的探讨》 初稿发表于《考古》1977 年 6 期。

※ 《北京法源寺的建筑》 1979 年 8 月撰，发表于《法源寺》图册。

※ 《战国中山王譻墓出土的兆域图及其所反映出的陵园规划》 初稿发表于《考古学报》1980 年 1 期。

※ 《陕西岐山凤雏西周建筑遗址初探》 初稿发表于《文物》1981 年 1 期。

※ 《陕西扶风召陈西周建筑遗址初探》 初稿发表于《文物》1981 年 3 期。

※　《福建的几座宋代建筑及其与日本镰仓"大佛样"建筑的关系》初稿发表于《建筑学报》1981 年 4 期。

※　《麦积山石窟中所反映出的北朝建筑》　初稿发表于《文物资料丛刊》第 4 辑（1981 年），《中国石窟·天水麦积山》转载。

※　《山西省繁峙县岩山寺南殿金代壁画中所绘建筑的初步分析》　初稿发表于《建筑历史研究》1 辑（1982 年）。

※　《中国早期佛教建筑布局演变及殿内像设的布置》（1984 年）发表于上海辞书出版社 2006 年版《梵宫——中国佛教建筑艺术》。

□　《读王世襄先生明式家具珍赏》　发表于 1985 年 9 月 14 日香港大公报。

※　《北京古代建筑概述》　发表于文物出版社 1986 年版《北京古建筑》。

※　《唐代隧道型墓的形制构造和所反映出的地上宫室》　初稿发表于《文物与考古论集》（1987 年）。

※　《五台山佛光寺建筑》　初稿发表于本院之《中国建筑》（*Building in China*，Vol. 1 No.4 1988）。

※　《一代宗师　垂范后学——学习〈梁思成文集〉的体会》（1988 年）。

※　《日本飞鸟奈良时期建筑中所反映出的中国南北朝、隋、唐建筑特点》　初稿发表于《文物》1992 年 10 期。

※　《关于明代宫殿坛庙等大建筑群总体规划手法的初步探讨》　发表于《建筑历史研究》3 辑（1992 年）（初稿 1987 年 11 月在美国宾夕法尼亚大学建筑系中国建筑研讨会上报告）。

※　《静江府修筑城池图简析》　初稿发表于《建筑历史研究》3 辑（1992 年）。

※ 《元大都大内宫殿的复原研究》 初稿发表于《考古学报》1993 年
　 1 期。

※ 《中国古代建筑概说》 发表于《中国历代艺术·建筑艺术编》
　 1994 年（初稿发表于美国华美协进社 1984 年古建筑展览会刊物
　 《CHINESE TRADITIONAL ARCHITECTURE》）。

※ 《隋唐长安洛阳城规划手法的探讨》 初稿发表于《文物》1995 年
　 3 期。

※ 《博大精深　高山仰止——学习〈刘敦桢文集〉的体会》（1995 年）。

※ 《记顾铁符先生复原的马王堆三号墓帛书中的小城图》 初稿发表
　 于《文物》1996 年 6 期。

　 《明代宫殿坛庙等大建筑群总体规划的特点》 初稿发表于《中国
　 科学技术前沿》1997 年中国工程院版。

□ 《陈明达古建筑与雕塑史论文集序》（1998 年）。

□ 《奋炳烛之明，成一代名著——介绍贺业钜先生撰〈中国古代城
　 市规划史〉》（1998 年）。

□ 《对含元殿遗址及原状的再探讨》 初稿发表于《文物》1998 年 4
　 期。（转载于日本《佛教艺术》246 期，1999 年 9 月）

□ 《中国古代院落布置手法初探》 初稿发表于《文物》1999 年
　 3 期。

□ 《试论唐至明代官式建筑发展的脉络以及与地方传统的关系》 初
　 稿发表于《文物》1999 年 10 期。

□ 《中国古代建筑外观设计手法初探》 初稿发表于《文物》2001 年
　 1 期。

□ 《纪念梁思成先生百年诞辰》 初稿发表于《梁思成先生百年诞辰
　 纪念文集》2001 年 4 月。

□ 《中国的历史建筑遗产保护问题》 中国工程院土木水利建筑学部参加俄罗斯建筑科学院历史建筑遗产保护问题研讨会上发言（2001 年 11 月）。

□ 《宋式建筑构架的特点与减柱问题》 初稿发表于《宿白教授八十寿辰论文集》（2002 年）。

《对建筑历史研究工作的认识》，发表于《中国建筑设计研究院成立五十周年纪念丛书——论文篇》2002 年清华大学出版社出版。

《陈明达先生的学术贡献》，《中国建筑设计研究院成立五十周年纪念丛书——岁月篇》2002 年清华大学出版社出版。

□ 《朱启钤先生——研究中国古代建筑的倡导者和引路人》 2003 年为中央文史馆撰写，收入《朱启钤学术研讨会文集》。

□ 《关于唐宋时期建筑物平面尺度用分还是用尺表示的问题》 初稿发表于《古建园林技术》2004 年第 3 期。

□ 《对唐代在建筑设计中使用模数问题的探讨》 2004 年。

《文物学家王世襄先生的学术贡献》 2004 年《世纪》第 1 期。

□ 《记张镈先生主持测绘的明清紫禁城宫殿实测图》 发表于《北京中轴线建筑实测图典》（2005 年）。

□ 《关于明天坛圜丘规划问题的再探讨》（2005 年）。

□ 《两晋南北朝时期木构架建筑的发展》（2005 年）。

《新印陶湘仿宋刻本营造法式介绍》 发表于中国建筑工业出版社2006 年重印陶湘仿宋本《营造法式》中。

□ 《学习〈刘敦桢全集〉的体会》 撰于 2007 年

□ 《中国古代建筑·蓟县独乐寺》 序（2007 年 10 月）。

□ 《介绍故宫博物院藏钞本营造法式》（2008 年 4 月）。

《中国古代建筑发展概况》 2008 年撰，发表于上海交通大学出版社 2009 年版《走进殿堂的中国古代科技史》。

《中国古代都城宫殿》 2008 年撰，发表于上海交通大学出版社 2009 年版《走进殿堂的中国古代科技史》。

《中国古代防御建筑——长城》 2008 年撰，发表于上海交通大学出版社 2009 年版《走进殿堂的中国古代科技史》。

《中国古代礼制建筑》 2008 年撰，发表于上海交通大学出版社 2009 年版《走进殿堂的中国古代科技史》。

《中国古代宗教建筑》 2008 年撰，发表于上海交通大学出版社 2009 年版《走进殿堂的中国古代科技史》。

《中国古代民居》 2008 年撰，发表于上海交通大学出版社 2009 年版《走进殿堂的中国古代科技史》。

《中国古代园林》 2008 年撰，发表于上海交通大学出版社 2009 年版《走进殿堂的中国古代科技史》。

《明清都城北京》 2009 年撰，发表于《北京历史文化名城讲座》专册。

2. 美术史及文物研究论文（20 篇）

文前加〇者已收入河南美术出版社 1999 年版《傅熹年书画鉴定集》

《永乐宫壁画》 发表于《文物》1957 年第 3 期。

〇 《关于展子虔游春图年代的探讨》 发表于《文物》1978 年第 11 期。

〇 《王希孟千里江山图中的北宋建筑》 发表于《故宫博物院院刊》1981 年第 4 期。

〇 《论几幅传为李思训画派金碧山水的绘制年代》 发表于《文物》1983 年第 11 期。

○ 《北宋辽金绘画艺术》 发表于 1988 年文物出版社版《中国美术全集·绘画编 3·两宋绘画上》

○ 《南宋时期的绘画艺术》 发表于 1988 年文物出版社版《中国美术全集·绘画编 4·两宋绘画下》

○ 《元代的绘画艺术》 发表于 1989 年文物出版社版《中国美术全集·绘画编 5·元代绘画》

《参观静嘉堂文库札记》 发表于《书品》1991 年第 1、2 期。

○ 《宋赵佶瑞鹤图和它所表现出的北宋汴梁正门宣德门》

○ 《元人绘百尺梧桐轩图研究》 发表于《文物》1991 年第 4 期。

○ 《访美所见中国古代名画札记》 发表于《文物》1993 年第 6、7 期。

○ 《浅谈做书画鉴定工作的体会》 发表于《文物》1996 年第 11 期。

○ 《中国古代的建筑画》 发表于《文物》1998 年第 3 期。

《宿白撰唐宋时期的雕版印刷参评国家奖推荐书》 1999 年。

《学术研究与艺术鉴赏的完美结合——读启功先生艺术史及书画鉴定论著的体会》 发表于《启功学术思想研讨集》2000 年。

《常熟翁氏藏书图录序言》 2000 年，为该书出版而撰。

《王世襄先生的学术贡献》 2003 年为中央文史馆撰写，发表于《燕京学报》新十六期（2004 年 5 月）。

《米山寅太郎先生撰〈图说中国印刷史〉序》 2003 年为该书出版而撰。

《深厚的传统文化修养与书画艺术的完美结合》 庆祝启功先生书画题跋手迹出版（2004 年）。

《记启功先生发现的武则天发愿为其亡母写法华经残片》 2005 年光明日报。

二、专著目录

1. 建筑史研究方面（12种）

《北京古建筑》 独撰。1986年文物出版社出版。

《傅熹年建筑史论文集》 独撰。1998年文物出版社出版。

《古建腾辉——傅熹年建筑画选》 独撰。1998年中国建筑工业出版社出版。

《中国古代城市规划建筑群布局及建筑设计方法研究》 独撰。2001年中国建筑工业出版社版。获2001年中国建筑设计研究院科技进步特等奖。

《中国古代建筑史·第二卷·魏晋南北朝隋唐五代建筑》 主编。参加人：钟晓青、张铁宁、屠舜耕。2001年中国建筑工业出版社出版。2001年获2001年中国建筑设计研究院科技进步特等奖。

《中国古代建筑十论》 论文10篇，复旦大学出版社2004年出版。

《中国科学技术史·建筑卷》 独撰。2008年科学出版社出版，获2009年华夏建设科学技术一等奖。

《傅熹年建筑史论文选》 独撰。2009年天津百花出版社出版。

《中国古代建筑工程管理和建筑等级制度研究》 主编，参加人钟晓青。2012年5月中国建筑工业出版社出版。获2013年华夏建设科学技术一等奖。

《社会人文因素对中国古代建筑形成和发展的影响》 独撰。2015年8月中国建筑工业出版社出版。

《当代中国建筑史家十书——傅熹年中国建筑史论选集》 独撰。2013年辽宁美术出版社出版。

《古建撷英　傅熹年建筑画选》 2019 年 1 月文津出版社出版。

2. 美术史及文物研究方面（5种）

《中国美术全集·绘画编 3·两宋绘画上》，主编，并撰写论文《北宋辽金绘画艺术》，1988 年文物出版社出版。

《中国美术全集·绘画编 4·两宋绘画下》，主编，并撰写论文《南宋时期的绘画艺术》，1988 年文物出版社出版。

《中国美术全集·绘画编 5·元代绘画》，主编，并撰写论文《元代的绘画艺术》。参加人陶启匀。1989 年文物出版社出版。

《傅熹年书画鉴定集》 1999 年河南美术出版社出版。

《中国书画鉴定与研究——傅熹年卷》2014 年故宫出版社出版。

【附】整理编辑出版先人古籍版本目录学及古玉研究学术遗著方面（5种）

《藏园群书经眼录》 整理编辑祖父傅增湘先生版本目录学遗稿。1983 年中华书局出版。

《藏园群书题记》 整理编辑祖父傅增湘先生版本目录学遗稿。1989 年上海古籍出版社出版。

《藏园订补郘亭知见传本书目》 整理编辑祖父傅增湘先生版本目录学遗稿。1993 年中华书局出版。

《古玉精英》 整理编辑父亲傅忠谟先生古玉研究遗稿，编成大型图录。1989 年香港中华书局出版。

《古玉掇英》 整理编辑父亲傅忠谟先生古玉研究遗稿，编成大型图录。1995 年香港中华书局出版。

出版后记

在建筑史圈儿，大家都习惯称傅熹年院士为"傅先生"。这三个字在大家心目中对应的是关于中国古代建筑史的各种研究成果——麟德殿、含元殿、《中国古代建筑史·第二卷》、《中国古代城市规划建筑群布局及建筑设计方法研究》……

傅先生的这本自传从开始写，到即将出版，将近三年。中国工程院组织出版院士传记，鼓励院士们自己写。先生自己写了一稿，内容非常简炼，甚至有点"单薄"。众所周知，先生除了在中国古代建筑历史领域取得突出成就外，在中国古代书画、古籍版本目录学等方面也都造诣极高。他的经历就像一个侧影，浓缩了中国从传统走进现代的文化图景，如果轻描淡写，就太可惜了。我跟先生商量让他多写一点，他觉得，"我干过的事儿都写进去了，没什么可写的了！"可编辑们看过后都觉得"不过瘾"，跟先生这么多年丰富的经历和丰硕的成果相比不太相符。

责编费海玲主任跟我讨论，是否可以将她与张幼平老师2013年采访先生的一份访谈材料也补充进来。因为是访谈，编辑们的问题先生解释得非常详细，讲得很生动。傅先生也接受了这个建议，但是他要亲自确认。整理需要专业人士，先生谈及的内容涉及很多建筑史研究方面的专业问题，没有这方面的教育背景没法完成。偶然跟陈莉老师谈及此事，她欣然同意：她目前承担哈尔滨理工大学中国建筑史课程的教学工作，有这方面的专业求学和研究经历，是比较合适的人选。呈现在大家面前的这本传记，就是经由陈莉老师整理并经傅先生本人多次细批、确认的结果。

陈莉老师的整理工作，较为突出的有两个方面：一是将先生的自传底稿与2013年的采访内容进行融合梳理。新的自传将之前先生按专长方向搭建的框架改为以时间为线索的内容架构形式，这种形式便于将两部分内容充分融合，而且还能保证逻辑清晰，没有违和感。二是对文中涉及的部分信息开展补充注释的工作。先生涉猎的领域多，关联不同领域的名家大师，我们建议陈莉老师在整理的过程中，对傅先生文中提到的一些历史人物和学术研究成果做相关介绍注释。同时，傅先生一向谦虚低调，对于自己的研究成果只介绍，不评价，这样容易使读者忽视先生对学科的贡献和影响。为了便于读者了解傅先生的学术成就和贡献，我们还建议陈莉老师收集一些关于傅先生工作成果方面的研究，其中主要有：《中国建筑研究室口述史（1953—1965）》《建筑史解码人》《宋〈营造法式〉研究史》《中国建筑遗产测绘史》《谢辰生口述：新中国文物事业重大决策纪事》《中国工程院院士建议》《中国建筑史学的文献学传统》《中国近代思想史与建筑史学史》，以及其他一些研究材料，将其补充作为注释。这些注释在丰富自传内容、补充诠释相关背景等的同时，也与先生自传正文体例稍有差别，在此谨致说明。

陈莉老师的整理和注释工作是加法，先生在确认稿件的过程中做的工作是减法，完整的补充和确认就有 4 轮。在这期间，中国建筑设计研究院建筑历史研究所陈同滨总规划师、美国路易维尔大学美术系赖德霖教授也为本书的编辑出版提出了很多专业建议。在多方努力下，编辑们尽量调整规范，最终呈现的就是现在这本自传的面貌。

希望广大读者在读到这本书时，能够全面了解一位杰出的中国建筑史学家——傅熹年院士。

李鸽　张幼平